직장과 재택근무에서 바로 쓰는
비즈니스 업무 활용서

직장인 구글 실무

BM (주)도서출판 성안당

워런 버핏은 왜 구글에
투자하지 않은 것을 후회했을까?

'데이터를 조직화하고 그것에 자유롭게 접근하여 유용하게 쓸 수 있도록 만드는 것'

구글의 목표입니다. 지금은 정보의 시대를 넘어, 기존의 데이터베이스로는 데이터를 수집하거나 저장하고 분석하기가 어려울 만큼 방대한 빅데이터의 시대입니다. 이러한 빅데이터를 분석하기에는 수작업으로는 불가능하기 때문에 결국 인공지능이 필요하게 되어, 인공지능으로 데이터를 분석, 조직화하게 되었고, 이러한 데이터는 인터넷 회사들이 선점하고 있는 것이 현실입니다.

직장인이 구글 앱을 사용한다는 것은 단순하게 업무에 필요한 자료를 검색하고, 인터넷 사용을 위한 브라우저와 메일 사용만은 아닙니다. 한정된 업무 시간에 자신이 맡은 일을 효율적으로 일정을 짜고, 방대한 자료를 선택하고 프로젝트에 집중하여 자신의 업무 결과를 내는 것이 중요합니다. 이러한 일을 가능하게 할 수 있는 도구가 바로 구글 앱입니다.

구글 앱은 장소에 상관없이 언제든지 프로그램을 실행하여 작업이 가능하며, 마이크로소프트 사의 엑셀이나 파워포인트, 워드와 호환하여 연속적인 공동 작업을 할 수 있습니다. 자신의 스마트폰이나 노트북, 아이패드, 가정이나 직장의 컴퓨터를 하나로 연동하며, 작업은 언제나 안전하게 구글 드라이브로 저장되어, 작업 파일을 찾거나 잃어버릴 염려 없이 작업 준비를 해 주고 있습니다.

홍보 마케팅, 사내 교육 부분은 어떨까요? 구글 설문지를 사용하여 비대면으로 다양한 정보를 수집하고 정리할 수 있습니다. 마케팅 및 홍보를 위한 사전 설문지를 만들어 사용자의 의견을 반영할 수 있으며, 간단한 투표부터 뉴스레터 수신 이메일, 퀴즈 등 정보를 수집할 수도 있습니다. 또한 구글 클래스룸을 이용하여 별도의 장소를 마련하지 않아도 직원들의 사내 교육부터 부서 업무 관리와 협업, 양방향 피드백이 가능하며, 언제든지 구글 미트를 이용하여 자료나 화면을 공유하여 화상 회의를 할 수도 있습니다.

'직장인의 업무는 일정에서 시작하여 일정으로 끝난다'는 말처럼 모든 업무 일정은 구글 캘린더에서 빠짐없이 자신의 모든 기기로 알림 체크를 해 주고, 팀원이나 직장 상사에게 간단하게 공유가 가능합니다. 결국 직장인의 일의 패턴은 데이터를 조직화하고 그것에 자유롭게 접근하여 유용하게 쓸 수 있도록 만드는 구글의 목적과 같은 선상에 있다고 생각합니다. 업무에 지치지 않게, 구글 앱을 활용하여 성공적인 직장 생활이 되시길 바랍니다.

이 책을 위해 도움을 주신 (주)성안당의 최옥현 상무님과 조혜란 부장님, 김해영 차장님, 기획 편집 디자인을 담당한 앤미디어 박기은, 이미자, 이송이 님, 촬영에 도움을 주신 정선민, 김범수 님, 구글 클래스룸을 담당한 이문형 교수님에게 진심으로 고마움을 전합니다.

앤미디어

언택트 시대를 살아가는
직장인의 구글 활용법

서로 접촉하지 않고 효율적인 비대면 근무를 하는 직장인들이 늘어가고 있으며, 이제 하나의 근무 패턴으로 자리 잡고 있습니다. 구글 앱을 이용하여 업무에 필요한 실무 오피스 활용 방법을 배워 보세요.

비대면 환경이나 재택근무에도
구글 앱으로 이렇게 해결해요!

▲ 비대면 시대, 유연하게 근무 환경을 만들 수 있어요.

▲ 보안이 강화된 2단계 인증이나 얼굴 인식으로 로그인이 가능해요.

▲ 구글의 모든 앱과 등록된 기기들은 동기화해 어디서든 사용이 가능해요.

▲ 워드, 엑셀, 파워포인트 없이도 파일을 호환하여 연속 작업이 가능해요.

▲ 구글 앱을 잘 활용해야 비대면 업무에서 성공할 수 있어요.

직장인을 위한 실무 구글 업무 노하우
구글 앱은 이렇게 활용해요!

▲ 구글 미트를 이용하면 화상 회의부터 자료 공유가 가능해요.
156쪽 참조

▲ 자동 번역과 문서 스캔으로 반복적인 업무를 간단하게 처리해요.
71쪽 참조

▲ 구글 드라이브에 저장된 모든 데이터는 내 모든 기기에서 동기화해요.
184쪽 참조

▲ 업무에 필요한 영상은 유튜브에 보관하거나 편집이 가능해요.
308쪽 참조

▲ 업무 보고부터 작업 스케줄 등은 구글 캘린더가 알림으로 알려줘요.
240쪽 참조

▲ 구글 클래스룸과 설문지 기능으로 사원 교육과 평가가 가능해요.
264, 340쪽 참조

구글 앱을 이용한 직장인 업무 활용 로드맵!

업무에 활용할 수 있는 구글 앱 사용 방법과 실무 활용 방법을 배우는 단계별 로드맵을 소개합니다.

① 구글 앱 통합 사용을 위한 계정 설정

구글 앱을 사용하기 위해서는 먼저 구글 계정을 만들어야 합니다. 개인용 계정부터 업무용 계정 추가, 얼굴 인식 기능과 2단계 인증 강화까지 구글 계정 설정 방법을 소개합니다. 계정을 만들었다면 구글 크롬을 이용하여 북마크부터 비밀번호, 방문 기록 등을 모든 기기에 동기화가 가능하도록 설정합니다.

PART 1 Section 01 - 17

② 워드와 호환되는 구글 문서

구글 문서는 한글이나 워드 프로그램 못지않게 다양한 문서 작성 기능을 제공하고 있으며, 문서 공유 및 피드백을 위한 댓글 기능 등 비대면 근무에 적합한 다양한 기능도 제공합니다. 여기서는 문서 작성 방법부터 문서 링크, 문서를 공유하여 피드백하는 방법, 자동 번역부터 타이핑 없이 문서 인식 스캔 등을 알아봅니다.

PART 2 Section 01 - 20

⑩ 직장인 교육을 위한 클래스룸

구글 클래스룸은 온라인 교육 관리를 위하여 최적화된 구글 서비스입니다. 직장 내에서 교육이나 부서의 업무 관리, 협업의 목적으로 한 업무 등에 사용할 수 있습니다. 여기서는 직장인 교육 개설부터 참여 유도, 강의 자료를 등록하고 사원에 대한 평가 피드백 방법 등을 알아봅니다.

PART 10 Section 01 - 12

⑨ 동영상 자료를 위한 유튜브 영상 편집기

별도의 편집 프로그램을 사용하지 않아도 구글의 동영상 편집기를 이용하면 간단하게 동영상 편집이 가능합니다. 구글 스튜디오에서 동영상 편집기를 이용하면 유튜브에 영상을 올릴 수 있을 뿐만 아니라 편집된 동영상을 다운로드받아 PC에 저장이 가능합니다. 여기서는 영상 편집을 위한 유튜브 영상 편집기 사용법을 소개합니다.

PART 9 Section 01 - 09

⑧ 정보를 수집, 정리하는 구글 설문지

구글 설문지를 사용하여 다양한 정보를 수집하고 정리할 수 있습니다. 마케팅 및 홍보를 위한 사전 설문지를 만들어 사용자의 의견을 반영할 수 있으며, 간단한 투표부터 뉴스레터 수신 이메일, 퀴즈 등 정보를 수집합니다. 문서와 스프레드시트, 프레젠테이션에서 원하는 형태대로 설문지를 만들어 작업자와 공유해 보세요.

PART 8 Section 01 - 15

3 파워포인트와 호환되는 구글 프레젠테이션

구글 프레젠테이션을 이용하여 슬라이드를 직접 구성하거나 기본으로 제공하는 다양한 테마를 이용하여 손쉽게 서식 작업이 가능합니다. 회사에서 작업한 파워포인트 파일을 불러와 연계하여 작업하는 방법부터 참여 사용자에게 바로 공유하거나 의견 메모를 추가하여 전달하는 방법 등 다양한 프레젠테이션 제작 방법을 알아봅니다.

PART 3 Section 01 - 16

4 엑셀과 호환되는 구글 스프레드시트

구글 스프레드시트는 업무에 필요한 다양한 양식과 수식 작업을 할 수 있도록 여러 가지 기능을 제공합니다. 엑셀을 구글 스프레드시트에서 호환하는 방법부터 언제 어디서나 업무에 필요한 양식을 작성하는 방법, 자동으로 계산하는 표 계산, 데이터를 기준으로 그래픽 형태의 차트 등을 만드는 방법을 알아봅니다.

PART 4 Section 01 - 08

5 영상 회의를 위한 구글 미트

구글 미트를 이용하면 새로운 회의를 개설한 다음 참가자에게 메일이나 문자를 보내 손쉽게 영상 회의를 할 수 있습니다. 영상 회의뿐만 아니라 참가자와 채팅도 할 수 있으며, PC 화면을 공유하여 자료를 보면서 회의하는 방법을 소개합니다.

PART 5 Section 01 - 12

7 업무 관리를 위한 주소록부터 캘린더까지

직장인의 업무는 일정에서 시작해서 일정으로 끝난다는 말처럼, 업무에서의 일정 관리는 직원 평가에 대한 기준이 되기도 합니다. 구글 캘린더를 이용하면 각종 회의나 미팅, 업무 일정을 설정할 수 있으며, 일정을 팀원이나 관리자에게 전달하거나 공유가 가능합니다. 이외에도 업무 관리를 위한 주소록과 G메일까지 효율적인 사용법을 소개합니다.

PART 7 Section 01 - 25

6 작업물의 자동 저장소, 구글 드라이브

구글 드라이브는 클라우드 서비스로, 구글에서 무료로 제공하는 인터넷 저장 공간입니다. 기본적으로 15GB 저장 공간을 제공하며, 문서나 이미지, 동영상 등 수업 자료를 저장하여 여러 사용자가 공유를 하거나 메일로 파일을 첨부하여 전송도 가능합니다. 파일, 폴더 업로드부터 자료 백업과 동기화까지 유용한 기능을 소개합니다.

PART 6 Section 01 - 08

이 책의 구성

빠르고 손쉽게 구글 앱을 이용하여 보고서나 프레젠테이션, 스프레드시트를 작성하기 위한 구글 오피스
사용법부터 직장 생활에 꼭 필요한 핵심 구글 앱 사용법을 학습할 수 있도록 체계적으로 구성하였습니다.

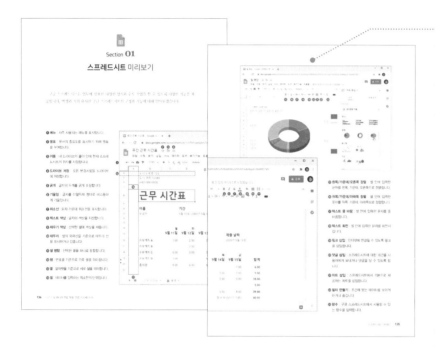

인터페이스 소개

구글 오피스 사용을 위한 화
면을 손쉽게 검색하고 기능을
사용할 수 있도록 구성하였습
니다. 각각의 기능을 찾아 학
습해 보세요.

업무를 위한 구글 오피스
따라하기 구성

구글 문서부터 프레젠테이션,
스프레드시트를 이용한 업무
노하우를 따라하기 형식으로
구성하였습니다. 단계별로 따
라해 보세요.

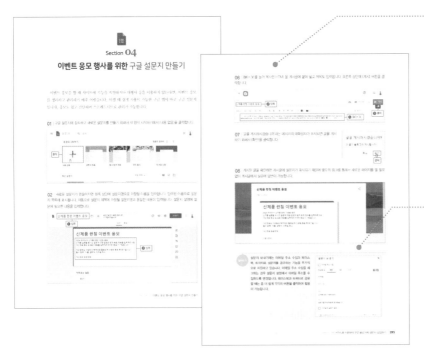

구글 설문지부터 구글 클래스룸 학습법

비대면으로 다양한 정보를 수집하고 정리할 수 있는 구글 설문지부터 사내 직원 교육이 가능한 구글 클래스룸까지 빠짐없이 다루고 있습니다.

알아두기

작업 과정에서 알아두면 좋을 내용을 참고 이미지와 함께 정리하여 소개합니다.

화상 회의를 위한 구글 미트 사용법

장소에 상관없이 언제 어디서든 비대면으로 다양한 회의와 데이터 공유가 가능한 구글 미트 사용 방법과 활용 노하우를 소개합니다.

부연 설명

따라하기에 필요한 내용을 말풍선 형태로 설명합니다.

Part 01 구글의 패스 출입증, 구글 계정 만들기

Part

04 또 하나의 무료 엑셀, 구글 스프레드시트

Part

05 이제는 영상 회의 시간, 구글 미트 사용하기

Part 06 구글의 베이스캠프, 구글 드라이브

Part 07 업무 관리를 위한 주소록부터 캘린더까지

Part 08 다양한 정보를 수집&정리하는 구글 설문지

구글 패스

구글의 패스 출입증,
구글 계정 만들기

구글 앱을 사용하기 위해서는 먼저 구글 계정을 만들어야 합니다. 개인용 계정부터 업무용 계정 추가, 얼굴 인식 기능과 2단계 인증 강화까지 구글 계정 설정 방법을 소개합니다. 계정을 만들었다면 구글 크롬을 이용하여 북마크부터 비밀번호, 방문 기록 등을 모든 기기에 동기화가 가능하도록 설정합니다.

Part 1

Section 01

구글 계정 설정 미리보기

구글 앱을 사용하기 위해서는 먼저 구글 계정을 만들어야 합니다. 구글 계정을 만든다는 것은 구글에서 제공하는 앱을 무료로 사용하기 위한 통행증과도 같은 의미입니다. 기기 관리부터 데이터 공유와 저장 등 구글 계정 설정을 위한 옵션과 보안 설정 구성에 대해 알아보겠습니다.

❶ **홈** : 개인정보 보호 및 보안 설정 관리를 할 수 있습니다.

❷ **개인정보** : 사용자의 사진과 이름, 생년월일, 성별, 비밀번호, 연락처 정보를 수정합니다.

❸ **데이터 및 맞춤설정** : 개인정보 보호 진단 실행 및 사용자의 활동 내역을 제어합니다.

❹ **보안** : 구글 계정의 보안을 위해 구글 계정 로그인 및 2단계 인증 보안을 강화합니다.

❺ **사용자 및 공유** : 다른 사용자와 연락할 수 있는 연락처 관리와 공유 정보를 설정합니다.

❻ **결제 및 구독** : 구글의 유료 서비스 구독과 결제 수단을 설정하거나 변경합니다.

❼ **Google 계정** : 구글 계정 관리 및 다른 계정 선택, 로그아웃 관리 등을 설정합니다.

❽ **Google 계정 관리** : Google 계정 화면이 표시되며, 개인정보 및 보안, 사용자 공유 설정을 합니다.

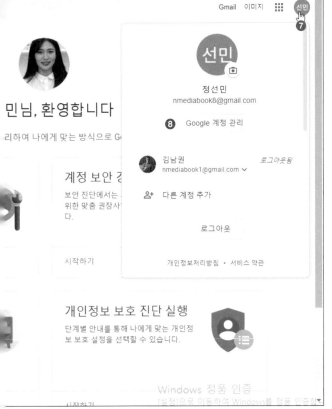

⑨ 비밀번호 : 비밀번호를 새로운 비밀번호로 변경합니다.

⑩ 2단계 인증 : 사용자의 컴퓨터에서 구글 계정을 로그인하고, 스마트폰에서 로그인 인증을 할 수 있는 2단계 인증을 설정합니다.

⑪ 앱 비밀번호 : 2단계 인증을 지원하지 않는 기기의 앱에서 로그인할 수 있도록 앱과 기기 선택을 할 수 있습니다.

⑫ 복구 전화번호/이메일 : 사용자가 본인인지 확인하거나 계정에서 의심스러운 활동이 감지될 때 해당 전화번호나 이메일로 연락합니다.

⑬ 최근 보안 활동 : 보안 강화를 위해 날짜와 시간대별로 보안 활동 및 알림을 표시합니다.

Section 02

구글의 시작, 구글 계정 설정하기

구글 앱을 사용하기 전에 먼저 해야 할 작업은 바로 자신의 구글 계정을 만드는 것입니다. 구글 계정을 만들면 사용자가 지정한 이름으로 구글 메일인 G메일도 만들어집니다.

01 | 웹브라우저에서 입력창에 www.google.co.kr을 입력하여 구글 사이트로 이동한 다음 (로그인) 버튼을 클릭합니다.

02 | 로그인 화면이 표시되면 계정을 만들기 위해 (계정 만들기) 버튼을 클릭한 다음 (본인 계정)을 선택합니다.

03 | Google 계정 만들기 화면이 표시되면 이름과 사용하려는 사용자 이름, 비밀번호를 입력하고 (다음) 버튼을 클릭합니다.

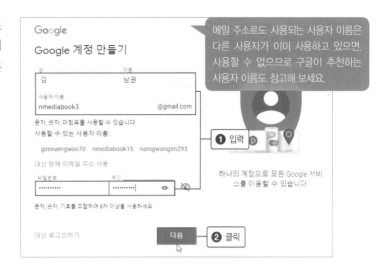

04 | 전화번호를 입력하고, 복구 이메일 주소(선택사항), 생년월일과 성별을 지정하고 (다음) 버튼을 클릭합니다.

05 | 전화번호 인증 화면이 표시되며 해당 전화번호로 인증 코드를 전송하기 위해 (보내기) 버튼을 클릭합니다.

06 | 입력한 전화번호로 구글 인증 코드가 전송되면 인증 코드 입력창에 인증 번호를 입력한 다음 (확인) 버튼을 클릭합니다.

07 | 구글 서비스에 대한 약관이 표시되며, 이를 동의하기 위해 체크박스를 선택하고 (계정 만들기) 버튼을 클릭합니다.

08 | 새롭게 계정이 만들어졌습니다. 오른쪽 상단의 구글 계정 표시에 방금 만든 사용자의 이름이 표시됩니다.

프로필 사진을 등록하기 전에는 사용자의 성을 뺀 이름이 계정 이미지로 표시됩니다.

Section 03

구글 앱의 얼굴, **계정 프로필에 사진 등록하기**

자신의 계정 프로필 사진은 마치 페이스북이나 카카오톡 프로필처럼 자신의 얼굴을 등록하는 것과 같습니다. 한번 프로필 사진을 등록하면 모든 구글 앱에서 계정 사진으로 표시됩니다.

01 │ 구글 계정 관리를 하기 위해 [Google 계정]을 클릭한 다음 [Google 계정 관리] 버튼을 클릭합니다.

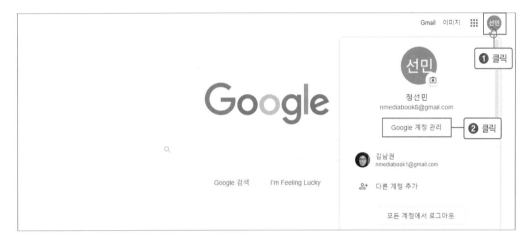

02 │ [개인정보]를 선택하면 사용자의 개인 정보 화면이 표시됩니다. 프로필 사진을 추가하기 위해 프로필의 사진 옵션에서 카메라 버튼을 클릭합니다.

03 | 프로필 사진 선택 대화상자가 표시되면 사진 업로드 옵션에서 〔컴퓨터에서 사진 선택〕 버튼을 클릭합니다.

04 | 열기 대화상자가 표시되면 사용하려는 프로필 사진을 선택한 다음 〔열기〕 버튼을 클릭합니다. 프로필 사진 선택 화면에 사진이 업로드되며, 개체 틀을 드래그하여 사진 영역을 설정합니다.

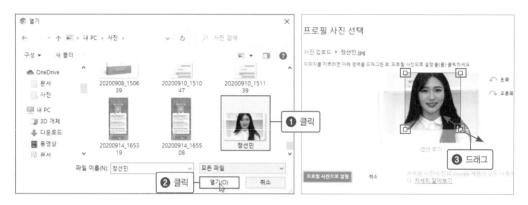

05 | 사진이 설정되면 화면 하단의 〔내 정보로 이동〕을 클릭하여 프로필 정보 설정을 완료합니다.

Section 04

개인용부터 업무용 계정까지, **계정 추가하기**

사용자는 구글 계정을 목적에 맞게 여러 개 만들 수 있습니다. 다른 계정 추가 기능을 이용해 원하는 사용자 이름을 지정하여 계정을 추가해 보겠습니다.

01 │ 기존 계정을 가지고 있지만 계정을 추가하기 위해 [Google 계정]을 클릭한 다음 [다른 계정 추가]를 클릭합니다.

02 │ Google 계정 만들기에서 사용자 이름을 사용하지 않은 다른 이름으로 입력합니다. 비밀번호를 입력하고 [다음] 버튼을 클릭해 계정 만들기 과정을 진행합니다.

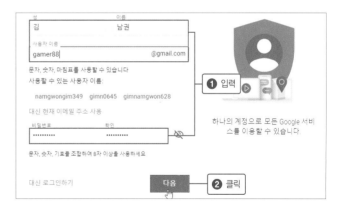

03 │ 21쪽~22쪽 과정을 진행하여 추가로 계정을 만듭니다. [Google 계정]을 클릭하면 추가로 만들어진 사용자 계정을 확인할 수 있습니다.

Section 05

계정 **비밀번호 변경하기**

계정 등록 시 설정한 비밀번호는 보안 설정에서 새로운 비밀번호로 변경이 가능합니다. 비밀번호는 보안을 위해 기간을 정하여 변경해 주는 것이 좋습니다.

01 | 계정 비밀번호를 변경하기 위해 Google 계정 관리 화면에서 (보안)을 선택한 다음 (비밀번호)를 클릭합니다.

02 | 사용자임을 확인하기 위해 비밀번호 입력창에 비밀번호를 입력한 다음 (다음) 버튼을 클릭합니다.

03 | 새 비밀번호를 입력하고 새 비밀번호 확인을 위해 다시 비밀번호를 입력한 다음 (비밀번호 변경) 버튼을 클릭하여 비밀번호를 변경합니다.

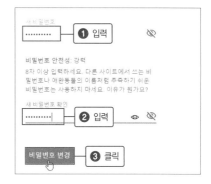

Section 06

얼굴 인식 기능으로 로그인하여 보안 강화하기

구글 계정을 로그인할 때 스마트폰의 얼굴 인식 기능으로 로그인할 수 있습니다. 다양한 장소의 컴퓨터에서 구글 앱을 사용할 때 보안을 위해 유용하게 사용할 수 있습니다.

01 | 보안을 강화하기 위해 [Google 계정]을 클릭한 다음 [Google 계정 관리] 버튼을 클릭합니다. Google 계정 화면이 표시되면 [보안]을 선택합니다.

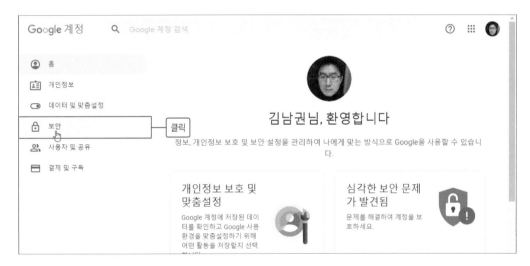

02 | 휴대전화로 얼굴 인식 인증으로 로그인하기 위해 [휴대전화로 로그인]을 클릭합니다.

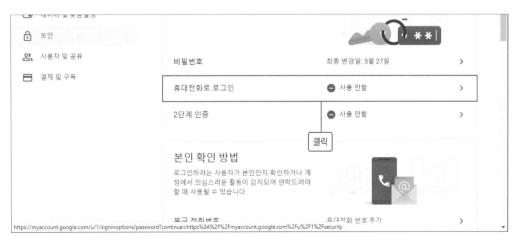

03 │ 휴대전화로 로그인 화면이 표시되면 작동 방식 옵션에서 (설정) 버튼을 클릭합니다.

04 │ 계속 진행을 하기 위해 본인을 인증해야 합니다. 비밀번호 입력창에 비밀번호를 입력하고 (다음) 버튼을 클릭합니다.

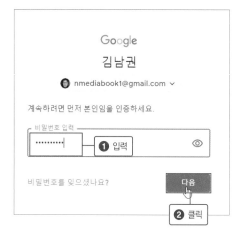

05 │ 안드로이드폰이나 아이폰에 따라 자신의 휴대폰 설정 방법이 표시됩니다. 해당 순서에 따라 스마트폰에서 구글 앱을 설치합니다.

06 │ 스마트폰의 앱스토어에서 Google 앱을 선택하여 설치합니다. 구글 앱을 실행시키고 '다른 컴퓨터에서 로그인을 시도 중이신가요?'라고 표시되면 (예)를 터치하여 계정을 로그인합니다.

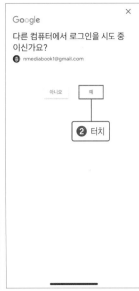

07 │ 'Google 앱이 Face ID를 사용하도록 허용하겠습니까?'를 묻는 대화상자에서 (확인)을 터치합니다. 푸시 알림 사용을 위해 (사용)을 터치합니다.

08 │ 스마트폰 설정이 완료되면 (다시 시도하려면 여기를 클릭)을 클릭합니다.

09 | 휴대전화 옵션에 자신의 휴대전화가 지정되고, 터치 ID 사용 설정까지 완료됩니다. (복구 전화번호 추가)를 클릭하여 휴대폰 분실이나 비밀번호를 잊어버린 경우를 대비합니다.

10 | 복구 전화번호 추가 대화상자에서 전화번호를 입력한 다음 입력한 전화번호에 코드가 전송되면, 코드를 입력하여 (인증)을 클릭합니다.

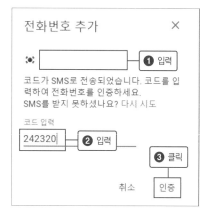

11 | 휴대전화로 로그인 화면이 표시되면 (다음)을 클릭합니다.

12 │ 휴대전화로 로그인 화면이 표시
됩니다. 사용자 계정이 표시되면 로그
인하기 위해 (다음) 버튼을 클릭합니다.

13 │ 사용자의 스마트폰에서 Google
앱을 열기를 시도합니다. 자신의 스마
트폰을 확인합니다.

14 │ 스마트폰 화면에 구글 계정 로그인이 시
작되었다는 알림이 표시되면 알림 표시를 터
치합니다. 사용자의 얼굴을 인식하는 Face
ID가 실행됩니다.

15 │ 이제 구글 계정이 스마트폰에서 로그인이 작동된다는 메시지를 알립니다. 사용하도록 설정할지를 묻는 메시지가 표시되면 (사용) 버튼을 클릭합니다.

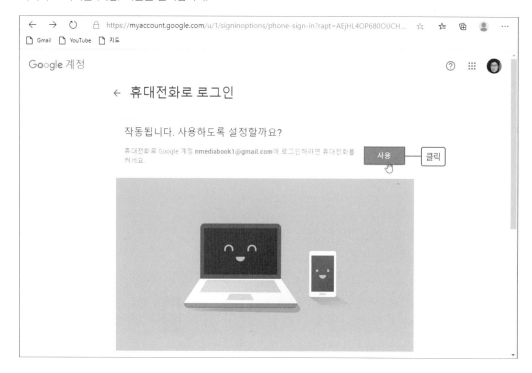

16 │ 휴대전화로 로그인 설정이 완료되었습니다. 이제부터 컴퓨터에서 구글 계정을 로그인하려면 자신의 스마트폰에서 얼굴 인식으로 로그인됩니다. 만약 휴대전화로 로그인 기능을 해제하려면 (사용 중지) 버튼을 클릭합니다.

Section 07

2단계 인증 보안 강화하기

보안 강화는 아무리 강화해도 지나치지 않습니다. 2단계 인증 보안을 지정하면 내 컴퓨터에서 로그인할 때 비밀번호를 입력한 다음 자신의 스마트폰으로 인증을 추가해야 구글 계정이 로그인됩니다.

01 | 보안을 강화하기 위해 (Google 계정)을 클릭한 다음 (Google 계정 관리) 버튼을 클릭합니다. Google 계정 화면이 표시되면 (보안)을 선택합니다.

02 | 2단계 인증 강화를 위해 (2단계 인증)을 클릭합니다.

03 | 2단계 인증으로 계정 보호를 위해 [시작하기] 버튼을 클릭합니다.

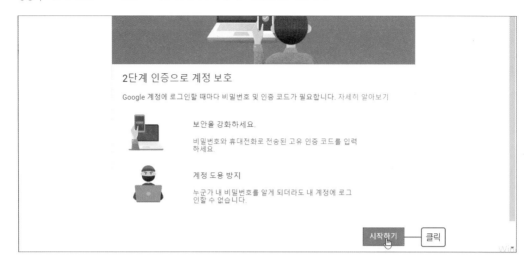

04 | 사용자가 본인임을 인증하기 위해 비밀번호 입력창에
비밀번호를 입력하고 [다음] 버튼을 클릭합니다.

05 | 구글 계정으로 로그인한 기기에 메시지가 표시되는지 확인하기 위해 [지금 시도하기] 버튼을 클릭합니다.

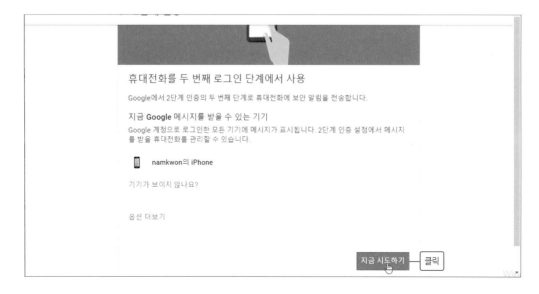

06 | 스마트폰 화면에 구글 계정 로그인이 시작되었다는 알림이 표시되면 알림 표시를 터치합니다. '다른 컴퓨터에서 로그인을 시도 중이신가요?'라는 메시지가 표시되면 (예) 버튼을 터치합니다.

07 | 백업 옵션을 추가하기 위해 휴대폰을 분실했거나 2단계 인증 수단을 사용할 수 없는 경우 가능한 전화번호를 입력한 다음 코드를 문자 메시지로 선택하고 (보내기) 버튼을 클릭합니다.

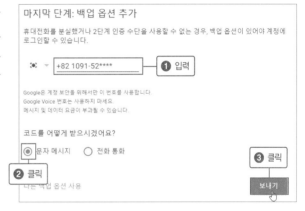

08 | 휴대폰으로 인증 코드를 받았다면 코드 입력창에 코드를 입력한 다음 (다음) 버튼을 클릭합니다.

09 | 2단계 인증을 사용 설정하기 위해 (사용 설정) 버튼을 클릭합니다. 2단계 인증이 설정되었습니다.

Section 08

계정을 만들었다면, **구글 앱 크롬 설치하기**

구글 계정을 등록하였다면 가장 기본적인 구글 크롬 브라우저를 설치해야 합니다. 인터넷 검색을 위한 구글 크롬 브라우저를 설치해 보겠습니다.

01 | 구글 웹브라우저를 설치하기 위해 (Google 앱) 버튼을 클릭한 다음 (Chrome)을 클릭합니다.

02 | 크롬 설치 파일을 다운로드하기 위해 (Chrome 다운로드) 버튼을 클릭합니다. Chrome 파일이 다운로드 됩니다. 설치 파일이 다운로드되면 더블클릭하여 크롬을 설치합니다.

03 | 나만의 크롬 만들기가 시작됩니다. 즐겨찾는 구글 앱에 책갈피를 추가하기 위해 앱을 선택하고, (다음) 버튼을 클릭합니다.

04 | 원하는 백그라운드 사진을 선택합니다. 흰색 배경을 사용하려면 (기본값)을 선택하고 (다음) 버튼을 클릭합니다.

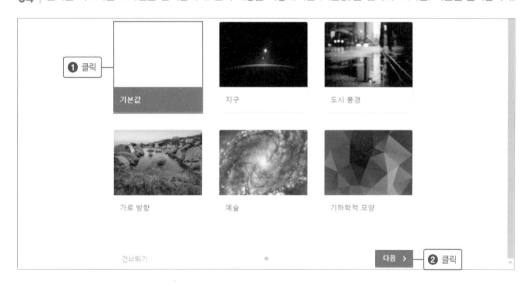

05 | 크롬 브라우저를 기본 앱으로 설정하기 위해 기본 웹 브라우저를 클릭한 다음 Chrome을 클릭합니다. 구글 크롬 브라우저 설정이 완료되며, 초기 크롬 화면이 표시됩니다.

Section 09

모든 기기와 구글 앱에 연동하기 위한 **동기화 사용하기**

구글 크롬 브라우저를 모든 기기와 구글 앱에 동기화시키면 연동된 모든 기기와 구글에서 사용하는 구글 앱을 사용할 때 북마크부터 비밀번호, 방문 기록 등을 모든 기기에 동기화가 가능합니다.

01 │ 모든 기기와 구글 앱에 동기화를 위해 웹브라우저 입력창 옆에 [Google 계정] 버튼을 클릭한 다음 [동기화 사용] 버튼을 클릭합니다.

02 │ 크롬에 로그인하기 위해 계정을 등록할 때 설정한 사용자의 이메일을 입력하고 [다음] 버튼을 클릭합니다.

03 | 계정을 등록할 때 설정한 비밀번호를 비밀번호 입력
창에 입력하고 〔다음〕 버튼을 클릭합니다.

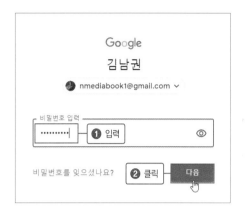

04 | '동기화를 사용하시겠습니까?'라는 메시지가 표시되
면 모든 기기에 동기화하기 위해 〔사용〕 버튼을 클릭합니다.

05 | 동기화가 설정되면 〔Chrome 맞춤설정 및 제어〕 버튼을 클릭한 다음 〔설정〕을 선택합니다.

06 | 동기화 및 Google 서비스 화면이 표시되면, 동기화 옵션에서 (동기화 관리)를 클릭합니다.

07 | 설정 화면이 표시되면 (모두 동기화)가 선택되어 있는지 확인하고, 데이터 동기화 목록을 확인합니다. 선택 적으로 동기화를 시키려면 (동기화 맞춤설정)을 선택하고, 동기화하려는 옵션을 선택합니다.

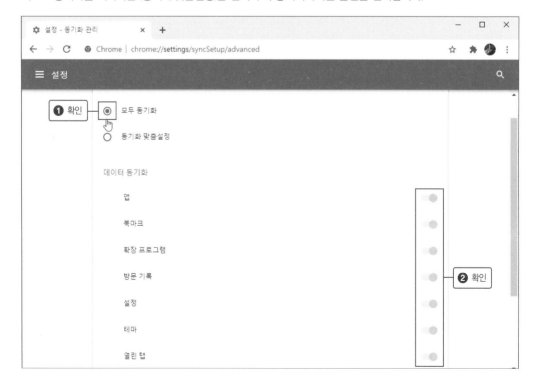

Section 10

구글 홈 화면에서 **바로가기 추가하기**

가장 많이 사용하는 사이트는 구글 홈 화면에 버튼 형태로 등록하여 사용이 가능합니다. 바로가기 추가 기능을 이용하여 사이트를 추가해 보겠습니다.

01 | 구글 브라우저의 홈 화면에 자주 사용하는 사이트를 추가하기 위해 (바로가기 추가) 버튼을 클릭합니다.

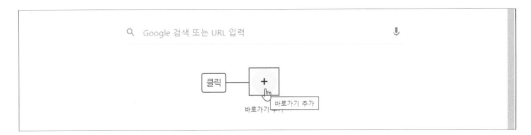

02 | 바로가기 추가 대화상자가 표시되면 추가할 사이트 이름을 입력한 다음 URL을 입력하고 (완료) 버튼을 클릭합니다.

03 | 그림과 같이 사이트 아이콘으로 표시됩니다. 같은 방법으로 자주 사용하는 사이트를 바로가기 버튼으로 등록합니다.

바로가기를 삭제하려면 마우스 커서를 바로가기 아이콘에 위치하면 표시되는 (바로가기 수정) 버튼을 클릭한 다음 (삭제) 버튼을 클릭합니다.

Section 11

자주 사용하는 사이트를 **북마크로 등록하기**

자주 사용하는 사이트를 체계적으로 등록하기 위해서는 북마크 기능을 이용합니다. 폴더별로 사이트를 북마크로 등록하면 손쉽게 사이트를 검색하고 해당 사이트로 이동할 수 있습니다.

01 │ 북마크로 등록하려는 사이트로 이동한 다음 (Chrome 맞춤설정 및 제어) 버튼을 클릭하고 (북마크) → (현재 탭을 북마크에 추가)를 선택합니다.

02 │ 북마크에 추가됨 대화상자가 표시되며, 사이트 이름과 북마크 폴더를 지정한 다음 (완료) 버튼을 클릭합니다.

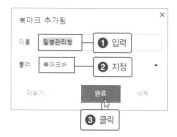

03 │ (Chrome 맞춤설정 및 제어) 버튼을 클릭하고 (북마크)를 선택하면 북마크로 등록된 사이트가 표시됩니다.

Section 12

다른 기기로 **웹사이트 전송하기**

구글 계정에서 동기화된 기기들을 이용하여 현재 컴퓨터에서 보고 있는 사이트를 동기화하여 공유할 수 있습니다. 동기화된 컴퓨터나 스마트폰, 아이패드 등 다양한 기기에서 사이트를 공유해 보세요.

01 │ 현재 사이트를 동기화된 기기로 전송하기 위해 주소 입력창을 클릭한 다음 (이 페이지 전송)을 클릭합니다.

02 │ 사용자 계정에 동기화된 기기가 표시되면, 전송할 기기를 선택하여 해당 사이트를 전송합니다.

Section 13

구글 브라우저로 **방문한 기록 관리하기**

사용자가 방문한 사이트를 재검색하거나 방문한 사이트 기록을 삭제할 수 있습니다. 방문 기록 기능을 이용하여 방문한 기록을 관리해 보겠습니다.

01 | 구글 브라우저로 방문한 방문 기록을 관리하기 위해 (Chrome 맞춤설정 및 제어) 버튼을 클릭하고 (방문 기록) → (방문 기록)을 선택합니다.

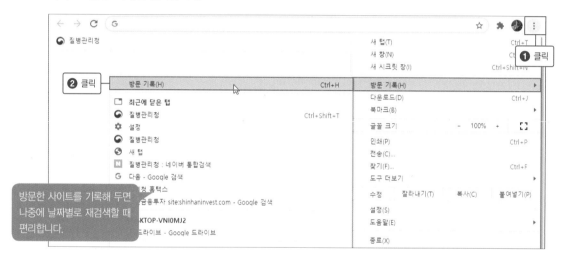

02 | 방문 기록 화면에 방문 리스트가 날짜별로 표시됩니다. 체크박스를 클릭하고 (작업) 버튼을 클릭한 다음 해당 사이트로 이동하거나 기록을 삭제합니다.

Section 14

인터넷 사용 기록 삭제하기

인터넷 사용 기록 삭제 기능을 이용하여 방문 기록과 쿠키, 캐시 등을 삭제가 가능합니다. 개인적인 정보 노출 방지 또는 인터넷 검색 속도가 느려질 경우 인터넷 사용 기록 삭제를 실행해 보세요.

01 | 구글 브라우저 정리를 위해 (Chrome 맞춤설정 및 제어) 버튼을 클릭하고 (설정)을 선택합니다.

02 | 설정 화면에서 개인정보 및 보안 옵션에서 (인터넷 사용 기록 삭제)를 클릭합니다.

03 | 인터넷 기록 삭제 대화상자가 표시되면 기본 옵션에서 방문 기록과 쿠키, 캐시 등을 삭제하기 위해 (인터넷 사용 기록 삭제) 버튼을 클릭합니다.

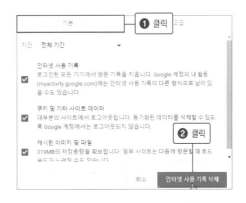

Section 15

구글 크롬의 **홈 배경 테마 설정하기**

구글 크롬 브라우저는 사용자의 스타일에 맞게 배경 이미지를 설정할 수 있습니다. 페이지 맞춤 설정 기능으로 원하는 이미지를 선택하여 크롬 브라우저를 꾸며 보세요.

01 | 구글 크롬의 홈 화면에서 (맞춤 설정) 버튼을 클릭합니다.

02 | 페이지 맞춤 설정 화면에서 원하는 스타일의 테마를 선택합니다. 예제에서는 일러스트 스타일의 (프라이드) 를 선택합니다.

구글에서 제공하는 이미지뿐만 아니라 자신이 촬영한 사진을 (기기에서 업로드)를 클릭하여 배경 이미지로 사용할 수 있습니다.

03 | 원하는 배경 이미지를 선택하고 (완료) 버튼을 클릭합니다.

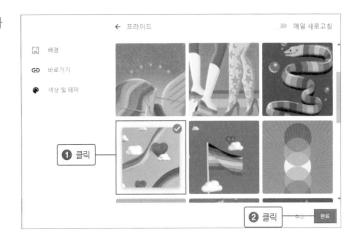

04 | 그림과 같이 크롬 홈 화면에 배경 이미지가 적용된 것을 확인할 수 있습니다. 이외에도 자신이 마음에 드는 배경을 선택해 봅니다.

05 | 구글 크롬 홈 화면에 선택한 배경 이미지가 적용된 것을 확인할 수 있습니다.

Section 16

페이지 번역으로 **해외 사이트를 한글로 번역하기**

해외 사이트에 접속하였을 때 한글로 번역하여 사이트를 표시할 수 있습니다. 구글 번역 기능으로 외국어 사이트를 번역하거나 자동으로 한국어로 번역이 가능합니다.

01 │ 크롬 브라우저에서 해외 사이트로 이동한 다음 한글로 사이트를 번역하기 위해 (이 페이지 번역하기)를 클릭합니다.

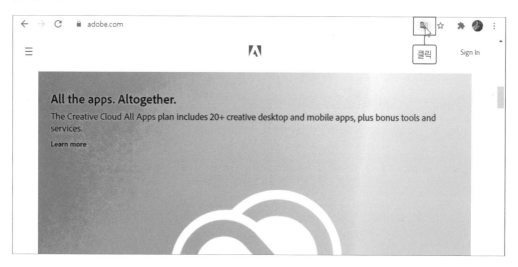

02 │ 번역 메뉴가 표시되면 (한국어)를 클릭하면 영문 사이트가 한국어로 번역되어 표시됩니다.

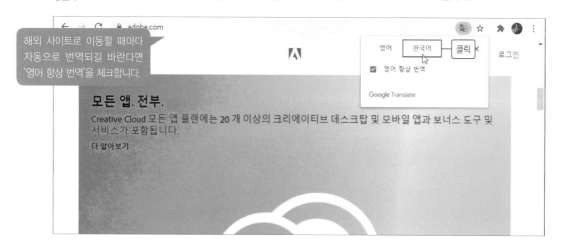

해외 사이트로 이동할 때마다 자동으로 번역되길 바란다면 '영어 항상 번역'을 체크합니다.

Section 17

필요한 이미지를 한곳에, **자료 이미지 수집하기**

보고서나 프레젠테이션 작업을 할 때 필요한 이미지 검색은 필수입니다. 검색하면서 사용할 이미지는 컬렉션에 저장해 놓고, 필요할 때 편집 관리가 가능합니다.

01 │ 이미지 자료를 컬렉션에 정리하기 위해 크롬 홈 화면에서 (이미지)를 클릭합니다.

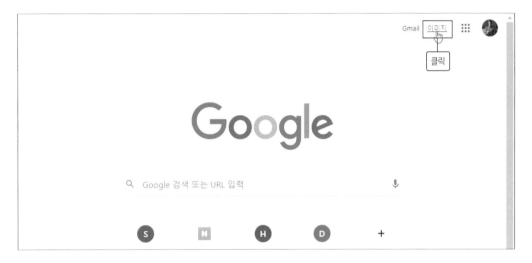

02 │ 프레젠테이션이나 보고서에 필요한 다이어그램을 검색하기 위해 '다이어그램 픽사베이'라고 입력합니다. 컬렉션에 저장하려는 이미지를 선택합니다.

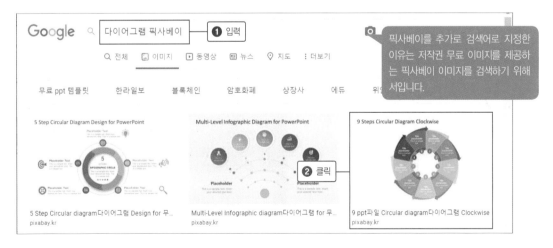

03 | 오른쪽 화면에 선택한 이미지가 표시되며, 컬렉션에 저장하기 위해 (컬렉션) 버튼을 클릭합니다.

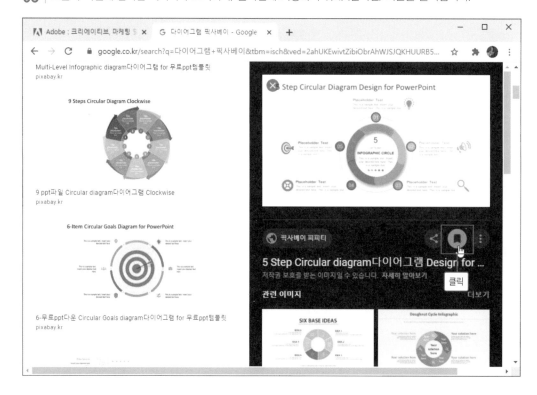

04 | 이미지를 검색하면서 추가로 컬렉션에 링크를 저장할 이미지가 검색되면 이미지를 클릭한 다음 (컬렉션) 버튼을 클릭합니다.

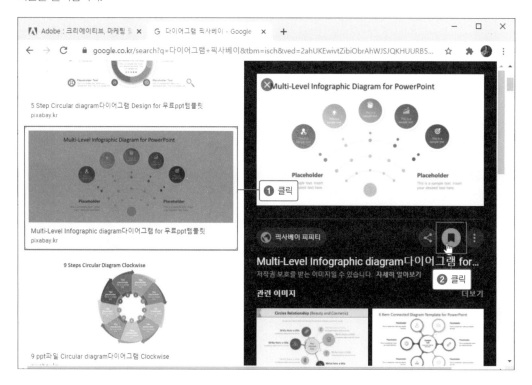

05 | 자료에 사용될 이미지를 컬렉션에 저장하였다면 저장된 이미지 링크를 확인하기 위해 (컬렉션)을 클릭합니다.

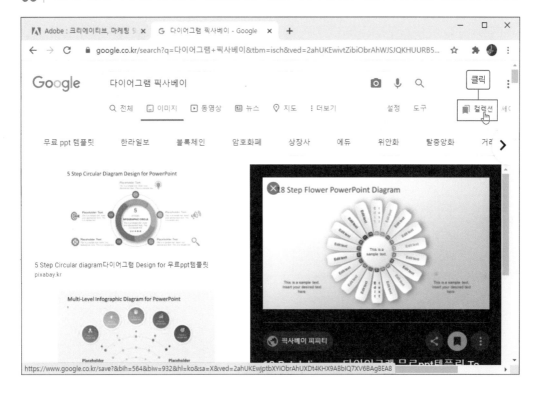

06 | 컬렉션 화면이 표시되며 컬렉션에 저장해 놓은 이미지가 항목별로 표시됩니다. (더보기) 버튼을 클릭하여 컬렉션에서 이미지 링크 삭제가 가능합니다.

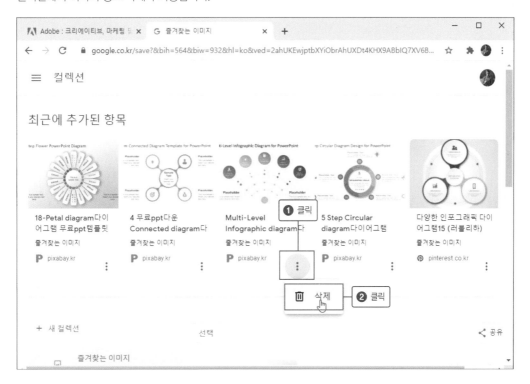

직장인의 **문서 작성**,
구글 문서만 있으면 OK!

재택 근무에서 작성할 보고서나 각종 문서는 기존 워드 문서와 연동
해서 작업해야 하고, 팀원들과의 문서 공유도 필요합니다. 하지만 내
PC에 한글이나 워드 프로그램이 없는 상태라면 곤란하게 됩니다.
구글 문서는 한글이나 워드 프로그램 못지않게 다양한 문서 작성
기능을 제공하고 있으며, 문서 공유 및 피드백을 위한 댓글 기능
등 비대면 근무에 적합한 다양한 기능도 제공합니다.

Part 2

Section 01

구글 문서 구성 미리보기

구글 문서는 최적의 문서 작업을 위한 다양한 기능을 제공하고 있습니다. 구글 문서의 화면 구성과 기능에 대해 알아보겠습니다.

❶ **이름 바꾸기** : 이 부분을 클릭하여 문서 이름을 입력합니다.

❷ **문서 작업 영역** : 텍스트 입력 및 이미지 삽입, 스타일 등 문서 작업이 진행되는 영역입니다.

❸ **메뉴** : 구글 문서 명령을 기능별로 구분하여 제공합니다.

❹ **도구 모음** : 자주 사용하는 명령을 아이콘 형태로 제공합니다.

❺ **실행취소/재실행** : 작업을 한 단계 이전으로 되돌립니다.

❻ **인쇄** : 작성한 문서를 인쇄합니다.

❼ **맞춤법 및 문법 검사** : 맞춤법이나 문법상 오류인 단어나 문장을 체크합니다.

❽ **서식 복사** : 텍스트에 적용된 서식을 다른 부분으로 복사하여 적용합니다.

❾ **확대/축소** : 문서를 크게 확대하거나 축소할 때 사용합니다.

❿ **스타일** : 글자와 문단 모양을 등록하고 재사용할 수 있습니다.

⓫ **글꼴** : 글자의 폰트를 선택합니다.

⓬ **글꼴 크기** : 글자 크기를 조정합니다.

⓭ **굵게** : 글자의 두께를 굵게 조정합니다.

⓮ **기울임** : 글자를 이탤릭체 형태로 비스듬하게 기울입니다.

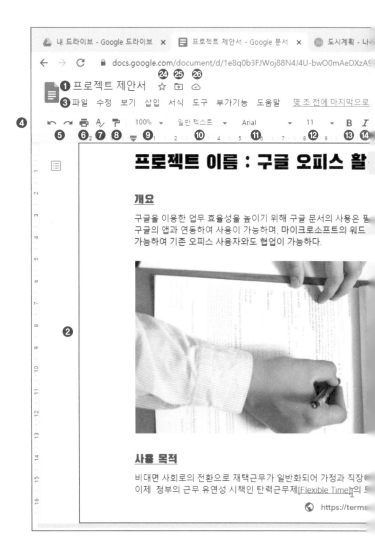

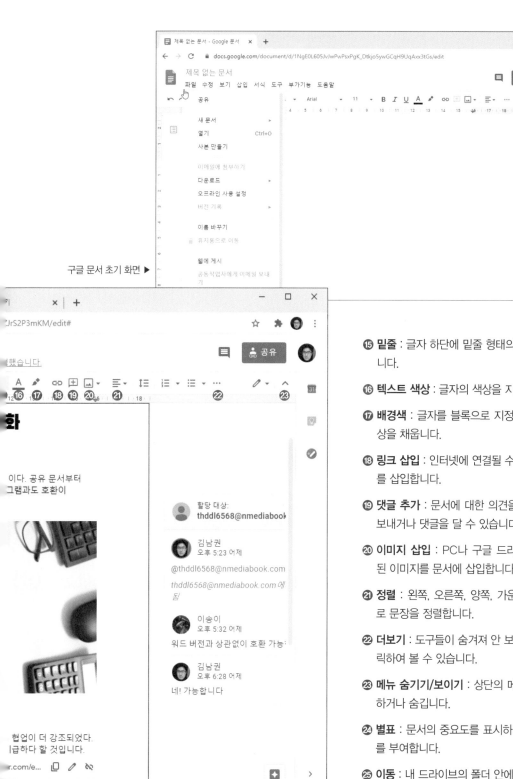

구글 문서 초기 화면 ▶

⑮ **밑줄** : 글자 하단에 밑줄 형태의 선이 추가됩니다.

⑯ **텍스트 색상** : 글자의 색상을 지정합니다.

⑰ **배경색** : 글자를 블록으로 지정한 부분에 색상을 채웁니다.

⑱ **링크 삽입** : 인터넷에 연결될 수 있도록 링크를 삽입합니다.

⑲ **댓글 추가** : 문서에 대한 의견을 사용자에게 보내거나 댓글을 달 수 있습니다.

⑳ **이미지 삽입** : PC나 구글 드라이브에 저장된 이미지를 문서에 삽입합니다.

㉑ **정렬** : 왼쪽, 오른쪽, 양쪽, 가운데를 기준으로 문장을 정렬합니다.

㉒ **더보기** : 도구들이 숨겨져 안 보이는 경우 클릭하여 볼 수 있습니다.

㉓ **메뉴 숨기기/보이기** : 상단의 메뉴를 보이게 하거나 숨깁니다.

㉔ **별표** : 문서의 중요도를 표시하기 위해 별표를 부여합니다.

㉕ **이동** : 내 드라이브의 폴더 안에 현재 문서의 위치를 지정합니다.

㉖ **드라이브 저장** : 모든 변경사항을 드라이브에 저장합니다.

Section **O2**

문자 입력과 스타일 적용하기

문서를 작성할 때 스타일 기능을 이용하면 간편하게 문자 크기와 색상을 체계적으로 적용시킬 수 있습니다. 예제에서는 구글 문서에서 제공하는 스타일을 문서 제목과 서브 제목에 적용시켜 보겠습니다.

01 | 구글 문서를 실행하기 위해 (Google 앱) 버튼을 클릭한 다음 (문서)를 클릭합니다.

02 | 문서의 이름을 지정하기 위해 (이름 바꾸기)를 클릭한 다음 문서 이름을 입력합니다. 예제에서는 '프로젝트 제안서'라고 입력하였습니다.

03 | 작업 영역에 '프로젝트 이름'이라고 입력한 다음 스타일을 적용하기 위해 (스타일) 버튼을 클릭합니다.

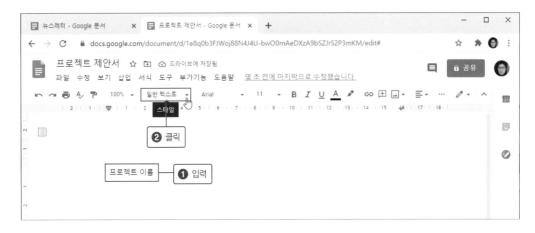

04 | 입력한 문자를 제목 스타일로 지정하기 위해 메뉴에서 (제목)을 선택합니다.

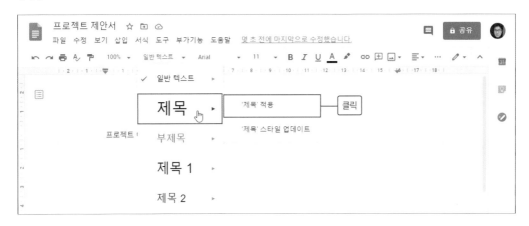

05 | 제목 다음 줄에 '개요'라고 입력한 다음 스타일을 적용하기 위해 (스타일) 버튼을 클릭하고 (제목 2)를 선택합니다. 입력한 문자에 스타일이 적용된 것을 확인할 수 있습니다.

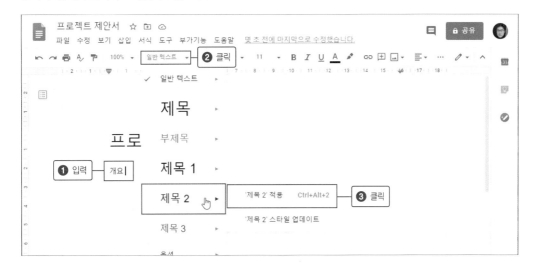

Section 03

원하는 형태의 **폰트 추가하기**

다양한 폰트를 사용하기 위해서는 구글 문서에 폰트를 추가해야 합니다. 저작권 없이 무료로 사용할 수 있는 폰트이므로, 원하는 문자 형태를 보고 선택하여 폰트를 추가합니다.

01 │ 문자에 다른 폰트를 적용하기 위해 먼저 글꼴을 추가해 보겠습니다. (글꼴) 버튼을 클릭해 (글꼴 더보기)를 선택합니다.

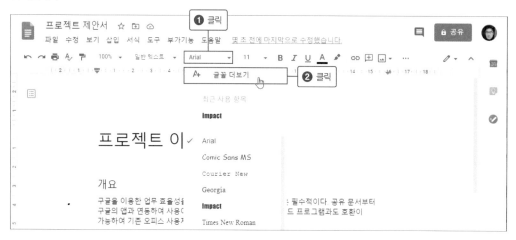

02 │ 글꼴 대화상자가 표시되면 한국어를 선택하기 위해 (문자: 모든 문자) 버튼을 클릭한 다음 (한국어)를 선택합니다.

03 | 추가할 수 있는 폰트들이 리스트 형식으로 표시됩니다. 오른쪽의 폰트 모양을 확인하고 원하는 폰트를 추가하기 위해 해당 폰트를 클릭합니다. 예제에서는 (Black Han Sans)를 선택합니다.

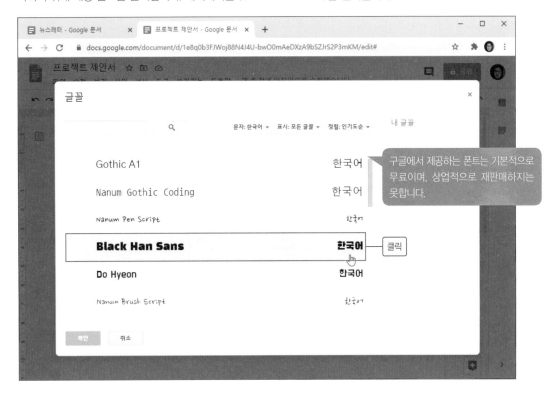

04 | 추가하려는 폰트를 선택하였다면 (확인) 버튼을 클릭합니다.

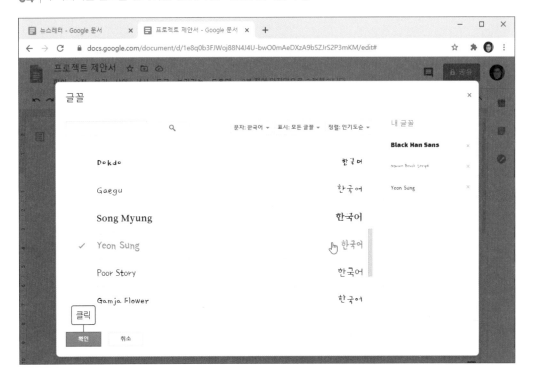

05 | 제목 스타일이 적용된 '프로젝트 이름'을 드래그하여 블록으로 지정합니다. (글꼴) 버튼을 클릭한 다음 추가된 폰트인 (Black Han Sans)를 선택합니다.

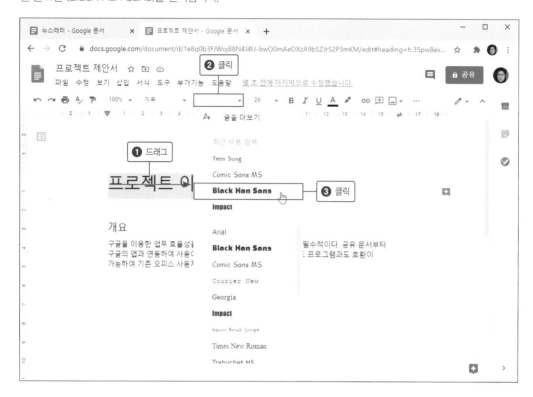

06 | 그림과 같이 선택한 폰트가 적용되었습니다. 같은 글줄에 문자를 입력하면 적용된 폰트로 문자가 입력되는 것을 확인할 수 있습니다.

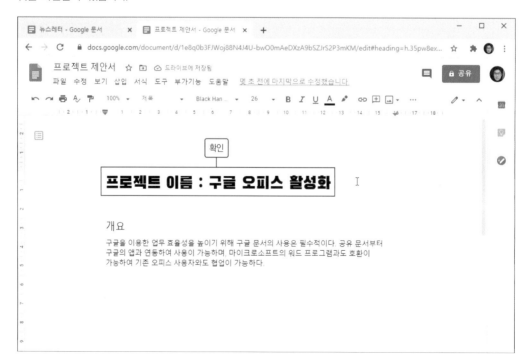

Section 04

문자 **색 지정과 줄긋기**

문자에 색상을 지정하고 좀 더 돋보이게 하기 위해 밑줄을 적용시켜 보겠습니다. 문자 색상은 기본 색상 이외에 사용자가 색상을 조정하여 선택이 가능합니다.

01 | 문자 색을 변경할 문자를 드래그하여 블록으로 지정한 다음 [텍스트 색상] 버튼을 클릭하고 원하는 문자 색을 선택합니다. 예제에서는 [진한 빨간색]을 선택합니다.

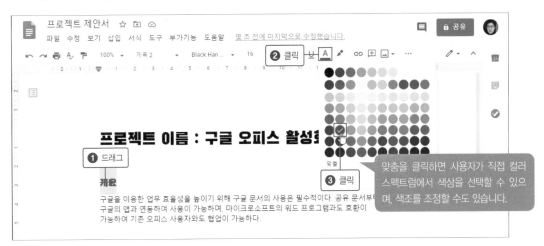

02 | 추가로 밑줄을 적용하기 위해 [밑줄] 버튼을 클릭합니다. 그림과 같이 문자 색과 밑줄이 적용된 문자를 확인할 수 있습니다.

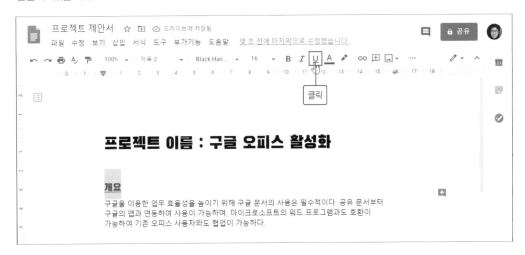

Section **05**

문서에 **이미지 삽입하기**

문서에 이미지를 삽입해 보겠습니다. 이미지는 자신의 컴퓨터에 저장된 이미지부터 구글 드라이브나 구글 포토뿐만 아니라 자신의 컴퓨터에 장착된 카메라를 이용하여 직접 촬영한 이미지를 삽입할 수도 있습니다.

01 | 내 컴퓨터에 있는 이미지를 삽입하기 위해 〔삽입〕 메뉴에서 〔이미지〕 → 〔컴퓨터에서 업로드〕를 선택합니다.

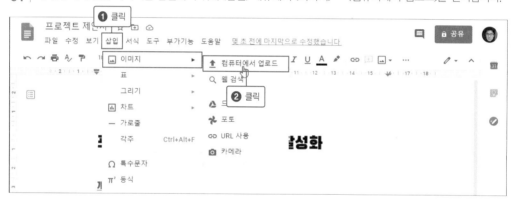

02 | 열기 대화상자가 표시되면 삽입하려는 이미지를 선택한 다음 〔열기〕 버튼을 클릭합니다. 그림과 같이 문서에 이미지가 삽입된 것을 확인할 수 있습니다.

Section 06

타이핑 없이 **음성으로 문서 입력하기**

키보드를 이용하여 타이핑을 하지 않아도 자신의 컴퓨터에 마이크가 장착되어 있다면 음성 입력 기능을 이용하여 말하는 대로 문장을 입력할 수 있습니다. 최대한 정확하게 발음하여 문장을 입력해 보겠습니다.

01 | 음성으로 문자를 입력하기 위해 마우스 커서를 문자가 입력될 부분에 위치시킨 다음 (도구) 메뉴에서 (음성 입력)을 선택합니다.

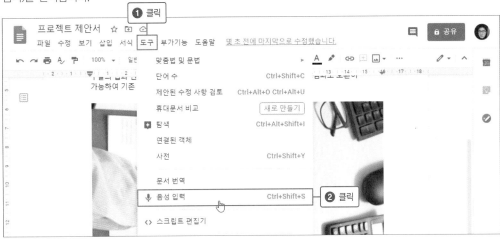

02 | 마이크 버튼이 표시됩니다. 마이크를 실행시키기 위해 (마이크) 버튼을 클릭합니다.

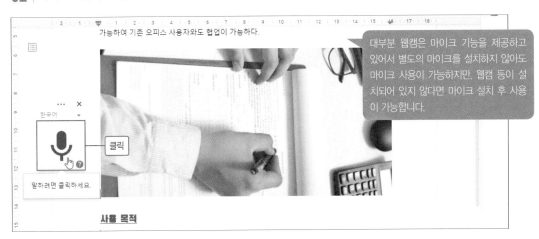

대부분 웹캠은 마이크 기능을 제공하고 있어서 별도의 마이크를 설치하지 않아도 마이크 사용이 가능하지만, 웹캠 등이 설치되어 있지 않다면 마이크 설치 후 사용이 가능합니다.

03 | 구글에서 마이크 사용 권한을 요청하는 대화상자가 표시되면 (허용) 버튼을 클릭합니다. 마이크 버튼이 활성화됩니다.

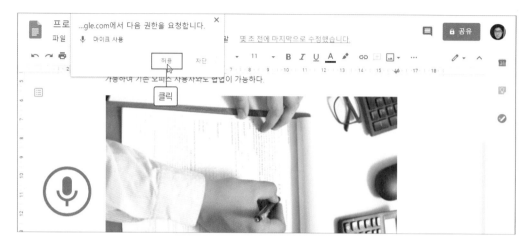

04 | 음성으로 입력하려는 문장을 말하면 마이크가 실행되면서 문자로 입력되는 것을 확인할 수 있습니다.

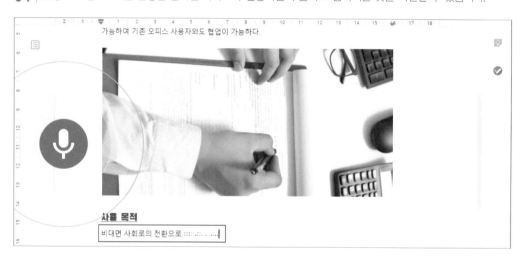

05 | 문자 인식의 정확도를 위해 또박또박 발음에 신경 쓰면서 입력할 문장을 말합니다. 음성 입력이 끝나면 (마이크) 버튼을 클릭하여 종료합니다.

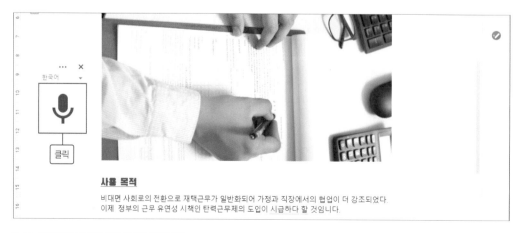

Section 07

참고 문서를 연결해 주는 **링크 설정하기**

링크 삽입 기능을 이용하면 문서의 특정 단어나 문장을 링크시켜 웹사이트로 연결할 수 있습니다. 주로 참고 자료나 관련 내용을 연결시켜, 별도로 자료를 검색하지 않아도 손쉽게 확인할 수 있는 장점이 있습니다.

01 │ 문장의 특정 부분을 링크 설정하기 위해 해당 단어를 드래그하여 블록으로 지정합니다. 예제에서는 '탄력근무제'를 블록으로 지정하였습니다.

02 │ 블록으로 지정된 '탄력근무제'에 링크를 설정하기 위해 마우스 오른쪽 버튼을 클릭해 (링크)를 선택합니다.

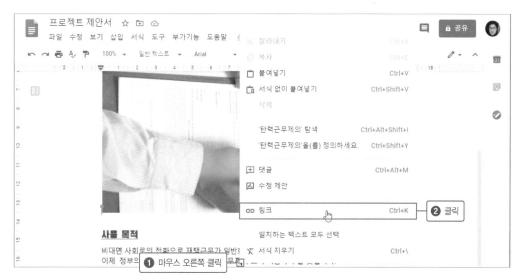

03 | 텍스트와 링크를 입력하는 대화상자가 표시되면 텍스트 입력창에 '[Flexible Time]'을 입력하고 링크 입력창에 링크시키려는 사이트 주소를 입력한 다음 (적용) 버튼을 클릭합니다.

04 | 문서를 확인해 보면 추가된 텍스트가 삽입된 것을 확인할 수 있으며, 링크된 문자를 클릭하면 사이트 주소가 표시됩니다. 사이트 주소를 클릭합니다.

05 | 크롬 웹브라우저가 실행되며, 링크된 사이트로 이동되는 것을 확인할 수 있습니다.

Section 08

문서를 공유하여 **질문이나 피드백하기**

문서 작업을 할 경우 특정 내용을 검토 받거나 질문을 받을 필요가 있을 때 댓글 추가 기능을 이용하면 실시간으로 문서 피드백이 가능합니다. 댓글 요청 메일을 상대방에게 보내면, 작업자가 작성한 문서를 바로 공유하고, 댓글과 답글을 달아 서로 의견을 주고 받을 수 있습니다.

01 | 공유할 문서에서 특정 문장 부분에 대해 다른 사용자의 의견을 듣기 위해 해당 문장 부분을 드래그하여 블록으로 지정합니다.

02 | 블록이 지정된 상태에서 [댓글 추가] 버튼을 클릭합니다.

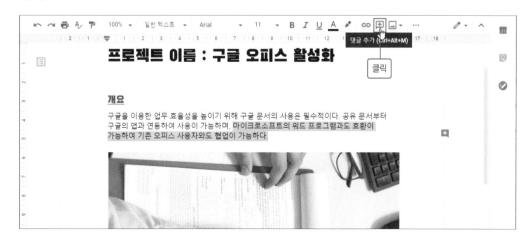

03 | 화면 오른쪽에 댓글 추가 입력창이 표시됩니다. '@' 기호를 입력하면 구글 주소록에 저장된 사용자의 메일 주소가 표시됩니다. 전달하려는 사용자를 선택합니다.

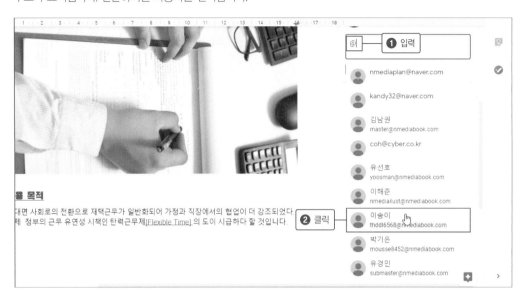

04 | 의견을 전달하려는 사용자를 선택하면 선택한 사용자의 메일 주소가 표시되며, 사용자에게 할당 체크박스를 체크합니다. 사용자에게 메일을 전송하기 위해 (할당) 버튼을 클릭합니다.

05 | '수신자에게 파일 액세스 권한을 부여해야 함'이라는 메시지가 표시됩니다. 권한을 부여하기 위해 (댓글) 버튼을 클릭합니다.

06 | 사용자의 메일을 확인해 보면 작업자가 댓글 추가를 요청한 문장이 메일로 전송된 것을 확인할 수 있습니다. (Open)을 클릭합니다.

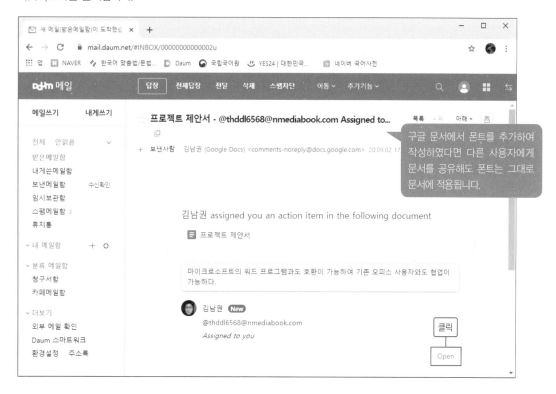

> 구글 문서에서 폰트를 추가하여 작성하였다면 다른 사용자에게 문서를 공유해도 폰트는 그대로 문서에 적용됩니다.

07 | 사용자의 컴퓨터에 구글 문서가 실행되면서 작업자가 공유한 문서가 열리며, 댓글을 추가한 문장에 (제안 모드)라고 표시됩니다. 댓글 입력창에 자신의 의견이나 질문을 입력한 다음 (답글) 버튼을 클릭합니다.

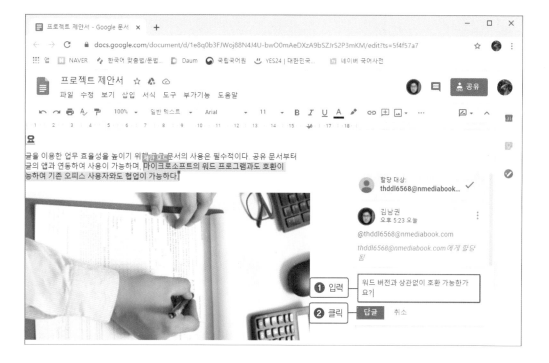

08 | 그림과 같이 사용자가 입력한 답글이 댓글 창에 추가된 것을 확인할 수 있습니다.

09 | 작업자의 공유 문서에는 사용자의 댓글이 표시됩니다. 사용자의 댓글에 다시 답글을 입력하고 (답글) 버튼을 클릭하여 문서 피드백을 진행합니다.

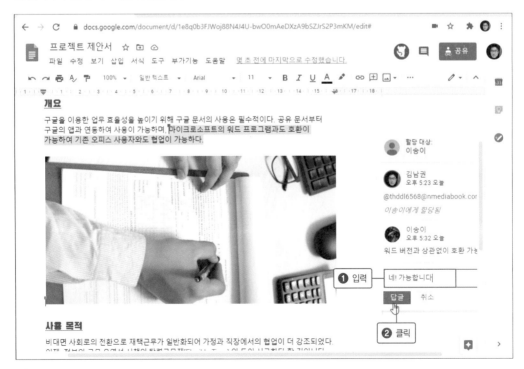

Section 09

번역기가 필요 없이 구글 문서에서 **문서 번역하기**

구글 문서에서 제공하는 문서 번역 기능을 이용하면 다양한 외국어로 번역할 수 있습니다. 예제에서는 한국어 구글 문서를 영어나 일본어로 번역해 보겠습니다.

01 │ 영문 번역을 위한 문서를 불러온 다음 (도구) 메뉴에서 (문서 번역)을 선택합니다.

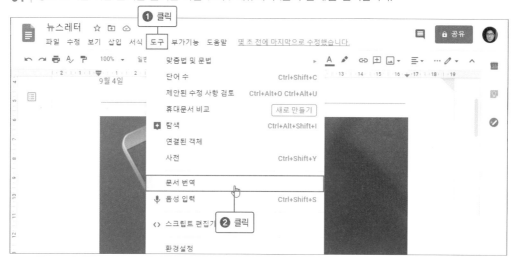

02 │ 문서 번역 대화상자가 표시되면 번역할 문서의 이름을 입력한 다음 번역할 언어를 선택합니다. 예제에서는 (영어)를 선택합니다.

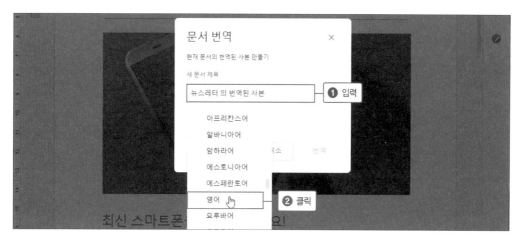

03 | 문서 번역 대화상자에서 (번역) 버튼을 클릭하면 한국어에서 영어로 번역됩니다.

04 | 이번에는 영어에서 일본어로 번역하기 위해 [도구] 메뉴에서 [문서 번역]을 선택합니다. 문서 번역 대화상자에서 언어는 [일본어]를 선택하고 (번역) 버튼을 클릭합니다.

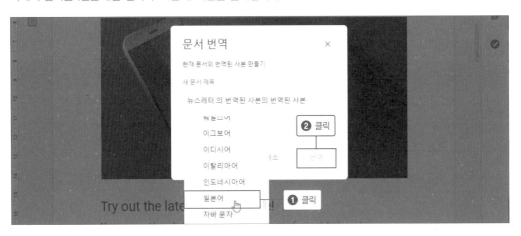

05 | 문서가 일본어로 번역된 것을 확인할 수 있습니다.

Section 10

작업한 구글 문서를 **워드 파일로 저장하기**

구글 문서로 작업한 문서는 워드 파일로 저장이 가능하며, 구글 드라이브에도 저장됩니다. 예제에서는 워드 파일로 저장하여 다운로드받는 방법을 알아보고, 구글 드라이브에 저장된 문서를 확인합니다.

01 │ 구글 문서로 작성한 문서를 마이크로소프트 워드 파일로 저장하기 위해 (파일) 메뉴에서 (다운로드) → (Microsoft Word(.docx))를 선택합니다.

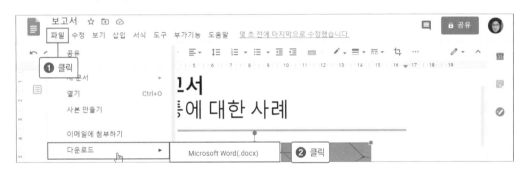

02 │ 화면 하단에 워드 파일로 내 컴퓨터 안에 다운로드된 문서 파일을 확인할 수 있습니다. 최근 문서를 확인하기 위해 (문서 홈) 버튼을 클릭합니다.

03 | 최근 문서 화면에 저장한 문서 파일이 표시됩니다. 문서의 (더보기) 버튼을 클릭하면 문서 이름을 바꾸거나 최근 문서에서 삭제, 새 탭에서 열 수 있는 팝업 메뉴가 표시됩니다.

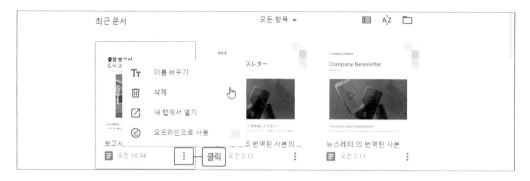

04 | 작성한 문서가 구글 드라이브에 저장되었는지 확인하기 위해 (Google 앱) 버튼을 클릭한 다음 (드라이브)를 클릭합니다.

05 | 구글 드라이브에 작업한 문서가 저장되어 있으며, 마우스 오른쪽 버튼을 클릭하여 저장된 문서를 삭제할 수도 있습니다.

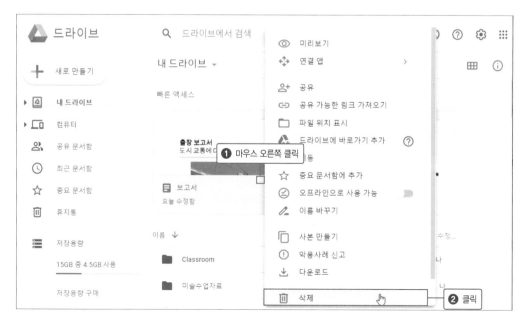

Section 11

웹 게시를 이용하여 **문서 공유하기**

작업한 문서는 사용자들과 문서 공유가 가능합니다. 웹 게시를 이용하면 링크부터 문서 삽입 옵션을 이용하여 원하는 사용자들과 문서를 공유할 수 있습니다.

01 | 공유할 문서를 불러온 다음 웹에 게시하기 위해 [파일] 메뉴에서 [웹에 게시]를 선택합니다.

02 | 웹에 게시 대화상자가 표시되면 링크 방법으로 웹에 게시하기 위해 링크 옵션에서 [게시] 버튼을 클릭합니다.

03 | 문서의 링크 주소가 표시되면 Ctrl
+C를 눌러 링크 주소를 복사한 다음
[구글 메일] 버튼을 클릭합니다.

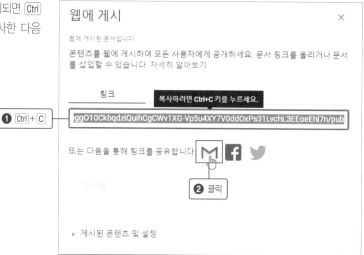

04 | 구글 메일이 실행되며, 메일 내용
에 문서의 링크 주소가 표시되어 있는 것
을 확인할 수 있습니다. 받는 사람 주소
를 입력한 다음 [보내기] 버튼을 클릭하
여 문서를 공유합니다.

Section **12**

타이핑 없이 **스마트폰 촬영으로 텍스트 추출하기**

출력 또는 인쇄된 많은 양의 서류나 서적을 문서화할 경우 타이핑하기 위해 많은 시간과 노력이 필요합니다. 이때 문서 스캔 인식 앱을 이용하면 스마트폰으로 촬영한 문서의 문자를 인식하여 워드 문서 파일로 저장할 수 있습니다.

01 │ 앱스토어에서 문자 인식이 가능한 문서 스캐너 앱을 다운받습니다. 예제에서는 스마트폰용 Fine Scanner 앱을 다운받아 실행하였습니다.

02 │ 스캔할 인쇄물에 카메라를 위치시킨 다음 촬영 버튼을 터치해 촬영합니다. 촬영이 완료되면 문자 추출 영역을 지정하는 개체 틀이 표시됩니다.

> 사진이 흔들리지 않고, 최대한 선명하게 촬영하였을 때 문자가 더 정확하게 인식되어 문자 추출이 됩니다.

03 | 모서리 점을 드래그하여 문자를 추출하려는 영역을 지정한 다음 (사용) 버튼을 터치합니다. 그림과 같이 해당 영역만 표시되면 (완료) 버튼을 터치합니다.

04 | 영역 안의 텍스트를 추출하는 과정이 진행됩니다. 진행이 완료되면 (인식)을 터치합니다. 텍스트 형식으로 저장하기 위해 (텍스트 형식 보존)을 터치하고 (다음) 버튼을 터치합니다.

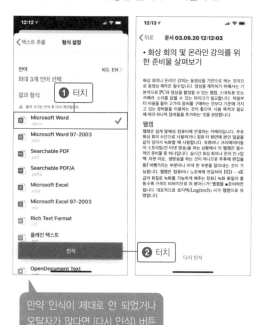

05 | 추출된 텍스트를 저장할 형식을 선택합니다. 예제에서는 워드 문서로 저장하기 위해 (Microsoft Word)를 선택한 다음 (인식) 버튼을 터치합니다. 화면에 추출된 텍스트로 구성된 문서가 표시됩니다.

06 | 워드 문서로 변환되고 어떻게 저장할 것인지 묻는 화면이 표시되면 구글 문서에서 열기 위해 (문서에 복사)를 터치합니다. Google 드라이브에 파일 형식으로 저장할 것인지 묻는 대화상자가 표시되면 (드라이브에 저장)을 터치합니다.

> 만약 인식이 제대로 안 되었거나 오탈자가 많다면 (다시 인식) 버튼을 터치합니다.

Section 13

문서 인식 파일을 **워드 문서로 수정하기**

　텍스트를 추출한 워드 문서는 구글 드라이브에 저장되어 구글 문서에서 불러올 수 있습니다. 스마트폰에서 저장한 경우 용지 크기부터 줄 간격, 폰트 크기, 정렬 등을 수정하여 문서를 정리해야 합니다.

01 │ 구글 문서를 실행하면 최근 문서에 텍스트 추출된 문서가 저장되어 있는 것을 확인할 수 있습니다. 해당 문서를 선택하여 불러옵니다.

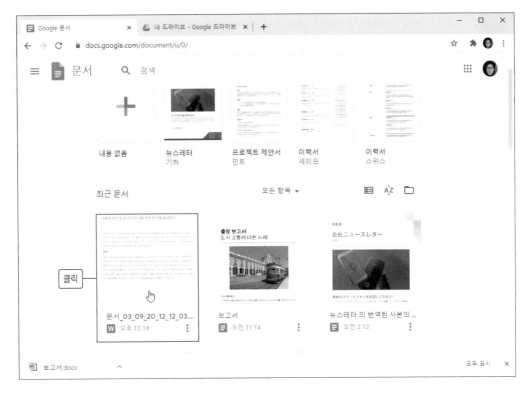

02 │ Word 파일 열기 대화상자가 표시되며, [보기 전용]과 [GOOGLE 문서에서 수정] 버튼이 표시됩니다.

03 │ 사용 목적이 단순하게 보기 위함이라면 (보기 전용) 버튼을 클릭하여 스캔한 문서를 이미지 형태로 볼 수 있습니다.

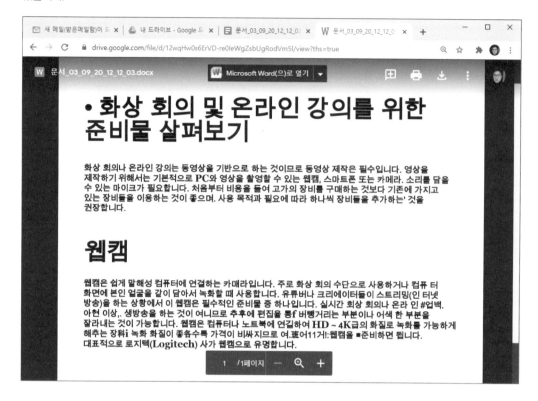

04 │ (GOOGLE 문서에서 수정) 버튼을 클릭하면 Google 문서로 변환 대화상자가 표시되며, 워드 문서를 구글 문서로 변환 처리하기 위해 (다음) 버튼을 클릭합니다.

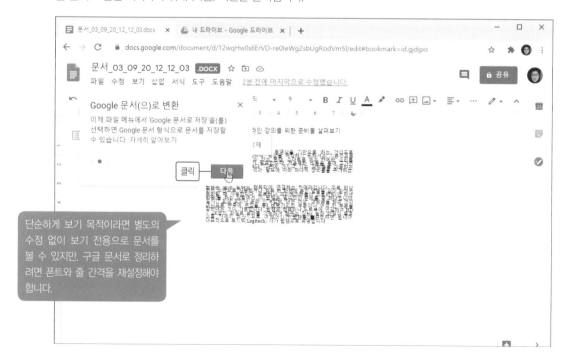

단순하게 보기 목적이라면 별도의 수정 없이 보기 전용으로 문서를 볼 수 있지만, 구글 문서로 정리하려면 폰트와 줄 간격을 재설정해야 합니다.

05 │ 구글 문서에서 폰트와 줄 간격을 조정하기 위해 (수정) 메뉴에서 (모두 선택)을 선택한 다음 Ctrl + C 를 눌러 문장을 복사합니다.

06 │ 새 문서에 붙여 넣기 위해 (파일) 메뉴에서 (새 문서) → (문서)를 선택합니다.

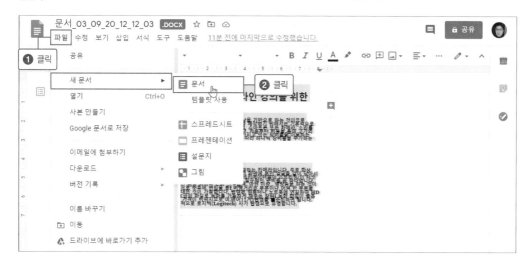

07 │ 새 문서가 표시되면 Ctrl + V 를 눌러 문장을 붙여 넣은 다음 드래그해 블록으로 지정하고, 수정하기 위해 (더 보기) 버튼을 클릭합니다.

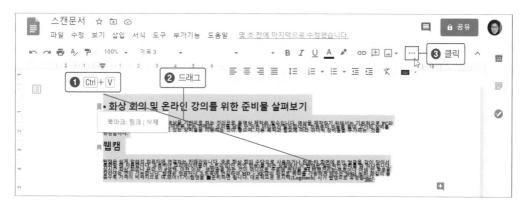

08 │ 줄 간격을 수정하기 위해 팝업 메뉴에서 (줄 간격) 버튼을 클릭한 다음 메뉴에서 (두 줄 간격)을 선택합니다.

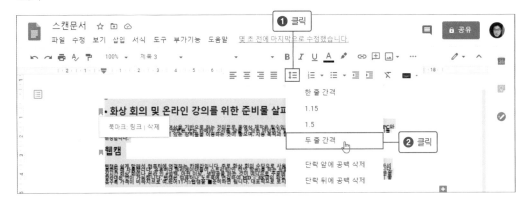

09 │ 전체적으로 문장의 줄 간격이 확장된 것을 확인할 수 있습니다. 본문의 폰트 크기를 수정하기 위해 본문 내용 부분을 드래그하여 블록으로 지정합니다.

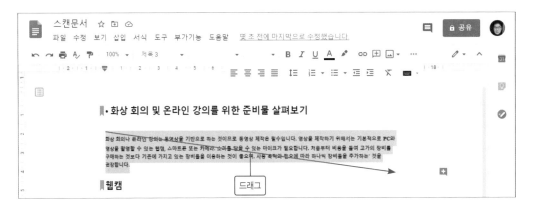

10 │ 본문 폰트 크기를 (10)으로 지정하여 문자 크기를 조정한 다음 (양쪽 맞춤) 버튼을 클릭하여 문장을 정렬합니다.

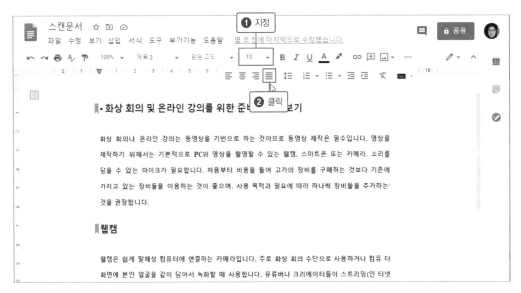

Section 14

맞춤법 검사 진행하기

구글 문서에서는 맞춤법 검사 기능을 제공합니다. 맞춤법을 검사하고 틀린 단어가 표시되면 문장에 블록 형태로 표시되고, 작성자는 검색된 단어로 교체할 것인지, 그대로 둘 것인지 선택합니다.

01 | 문서 수정의 최종 과정으로 맞춤법 검사를 하기 위해 (도구) 메뉴에서 (맞춤법 및 문법) → (맞춤법 및 문법 검사)를 선택합니다.

02 | 맞춤법이 틀린 단어를 체크하고 변경되는 단어가 표시되면 (적용) 버튼을 클릭합니다. 만약 그대로 두려면 (무시) 버튼을 클릭합니다.

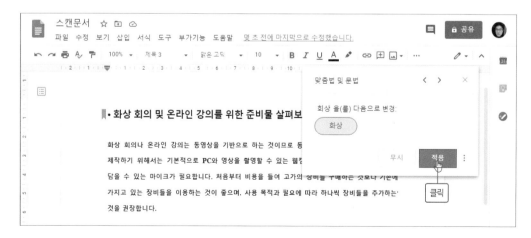

Section 15

이미지나 스캔 문서에서 **텍스트 추출하여 문서 만들기**

문서를 스캔한 이미지나 PDF 파일일 경우에도 텍스트로 변환하여 구글 문서에서 열 수 있습니다.
별도의 타이핑을 하지 않아도 이미지화된 문서를 구글 문서로 불러들여 문서화할 수 있습니다.

01 | 문서를 스캔한 경우 JPG 파일의 이미지로 저장됩니다. 이미지 파일이나 PDF 파일로 저장된 파일을 준비
합니다.

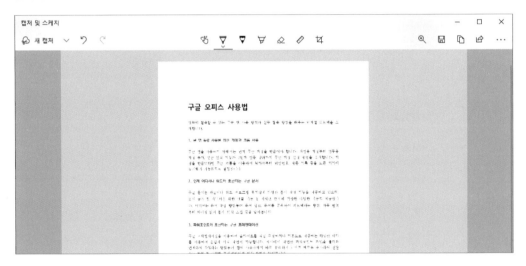

02 | 구글 드라이브에 이미지 파일을 업로드하기 위해 [새로 만들기] 버튼을 클릭한 다음 [파일 업로드]를 선택
합니다. [열기] 대화상자가 표시되면 문서 이미지를 선택하고 [열기] 버튼을 클릭합니다.

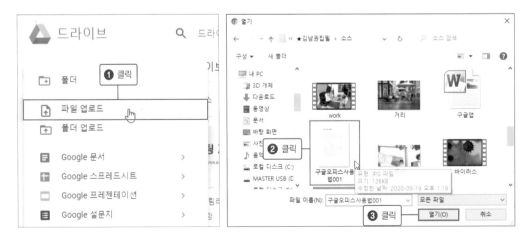

03 │ 이미지 파일이 업로드되면 해당 이미지 파일을 마우스 오른쪽 버튼을 클릭한 다음 팝업 메뉴에서 〔연결 앱〕 → 〔Google 문서〕를 선택합니다.

04 │ 구글 문서가 실행됩니다. 첫 번째 페이지는 업로드된 이미지 파일이 삽입되어 있는 것을 확인할 수 있습니다.

05 │ 다음 페이지를 보면 이미지에서 문자 부분을 추출하여 텍스트화된 문서를 확인할 수 있습니다. 변환 시 오탈자를 확인하고 수정하여 구글 문서로 저장합니다.

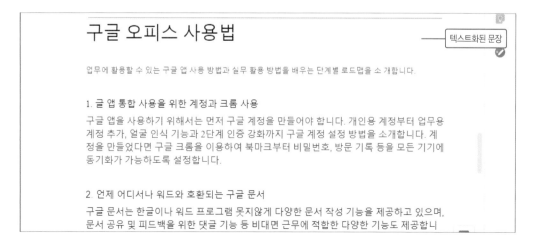

Section **16**

문장부터 음성까지! **구글 번역 구성** 미리보기

구글 번역은 업무상 필요한 번역을 텍스트 입력 방법과 음성 인식 기능을 이용하여 간단하게 번역할 수 있습니다. 구글 번역은 108개국의 언어를 제공하고 있으며, 문서로 저장된 파일도 한번에 번역하여 번역된 문서로 저장 가능합니다.

1 텍스트 : 문장 형식의 텍스트 문장을 번역할 때 사용합니다.

2 문서 : 문서 형태의 텍스트 문장을 번역할 때 사용합니다.

3 감지됨 : 자동으로 입력한 언어를 감지합니다.

4 언어 선택 : 입력하거나 번역하려는 언어를 선택합니다.

5 번역 준비 입력창 : 번역하려는 문장을 입력하는 창입니다.

6 번역 결과 입력창 : 번역되어 결과를 표시하는 창입니다.

7 마이크 : 음성 번역을 할 때 사용합니다.

8 스피커 : 입력하거나 번역된 문장을 음성으로 재생합니다.

9 손글씨 사용 : 손글씨 형태로 문자를 입력합니다.

10 기록 : 번역했던 작업들을 기록합니다.

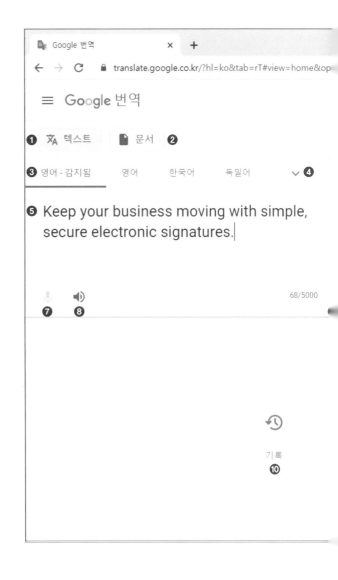

⑪ **저장됨** : 번역한 작업물을 스프레드시트로 저장합니다.

⑫ **커뮤니티** : 번역 커뮤니티에 참여합니다.

⑬ **컴퓨터에서 찾아보기** : 번역할 문서를 찾을 때 사용하며, 파일 종류는 DOC, DOCX, ODF, PDF, PPT, PPTX, PS, RTF, TXT, XLS 또는 XLSX 등이 가능합니다.

Section 17

구글 번역으로 **문장 번역하기**

구글 번역을 이용하면 원하는 언어로 번역할 수 있습니다. 가장 많이 사용하는 영어와 일본어, 중국어뿐만 아니라 108개국의 언어로 번역이 가능합니다.

01 | 구글 번역을 실행하기 위해 (Google 앱) 버튼을 클릭한 다음 (번역)을 클릭합니다.

02 | 구글 번역 화면이 표시됩니다. 문장을 일본어로 번역하기 위해 메뉴에서 (일본어)를 선택하고, 왼쪽 입력창에 한글로 문장을 입력합니다. 바로 일본어로 번역되는 것을 확인할 수 있습니다.

03 | 이번에는 왼쪽 입력창에 영어로 문장을 입력하고, (한국어)를 선택하면 영문이 한국어로 번역되는 것을 확인할 수 있습니다.

Section 18

문서를 통으로 **한번에 번역하기**

문서를 원하는 언어로 한번에 번역할 수 있습니다. 번역하려는 문서를 업로드한 다음 언어를 선택하면 문서 전체가 번역됩니다.

01 │ 한글 문서를 영어로 번역해 보겠습니다. 〔문서〕 버튼을 클릭한 다음 한글 문서를 찾기 위해 〔컴퓨터에서 찾아보기〕 버튼을 클릭합니다.

02 │ 열기 대화상자에서 영어로 번역할 문서를 선택한 다음 〔열기〕 버튼을 클릭합니다. 선택한 문서는 다음과 같은 내용의 한국어로 입력된 워드 문서입니다.

업무 효율성을 위한 구글 앱

효율적 업무
환경이 어려워지더라도 최선의 방법을 찾아 최대한 효율적으로 업무를 진행시키려는 의지는 창의적으로 개발되고 있습니다.

교육
그 방법 중의 하나가 바로 구글 앱을 사용하는 것입니다. 구글 클래스룸을 이용하면, 단답형이나 장문형, 퀴즈 형태의 과제를 만들 수 있으며, 학생들에게 질문을 하고 답변을 주고받을 수 있는 피드백이 가능합니다.

구글미트
수업 일정을 짜고, 학생들이나 동료 선생님들과 공유할 수 있는 구글 캘린더부터 구글 미트를 이용하여 학생들과 실시간 영상 교육을 할 수도 있습니다.

03 │ 구글 번역 화면에 문서가 표시되면 [번역하기] 버튼을 클릭합니다.

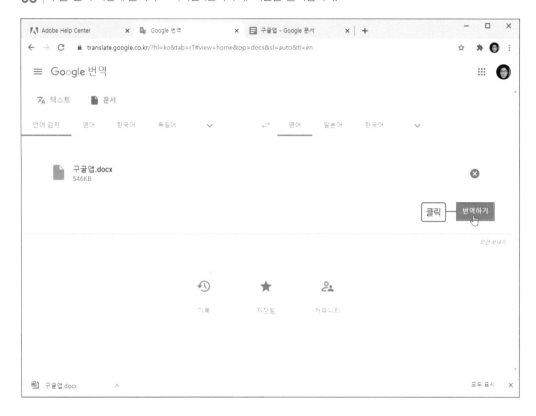

04 │ 그림과 같이 문서 전체가 영문으로 번역된 것을 확인할 수 있습니다.

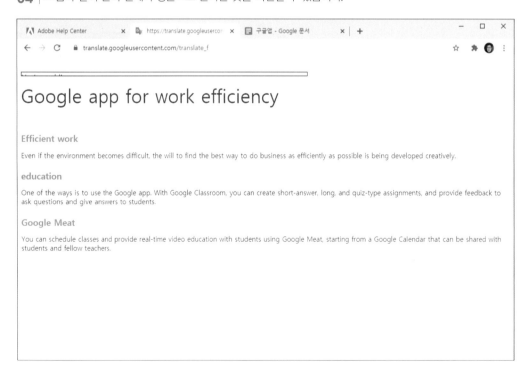

Section 19

타이핑이 필요 없는 **음성 번역 사용하기**

번역하기 위해 타이핑을 하지 않아도 구글의 음성 인식 기능으로 번역이 가능합니다. 마이크나 웹캠이 설치되어 있는지 확인한 다음 음성으로 말하여 원하는 언어로 번역해 보겠습니다.

01 | 음성으로 말한 것을 번역하기 위해 [마이크] 버튼을 클릭하면 마이크 사용에 대한 권한 요청을 묻는 대화상자가 표시됩니다. [허용] 버튼을 클릭합니다.

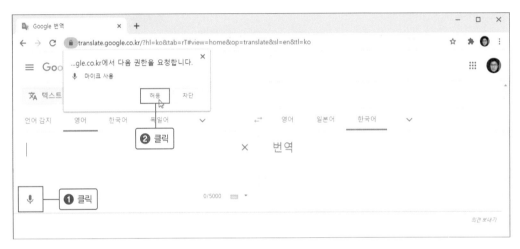

02 | [영어]를 선택한 다음 한국어로 말을 하면, 오른쪽 화면에 영문으로 번역되는 것을 확인할 수 있습니다.

Section 20

실시간 대화를 **번역된 음성으로 알려주기**

해외 출장을 가거나 해외에서 전화를 받았을 경우 상대편과 서로 다른 언어로 대화하는 상황이 발생합니다. 이때 구글 번역 앱의 양방향 번역 기능을 실행하면 별도의 조작 없이 양쪽 언어로 음성 번역이 가능합니다. 구글 번역 앱은 108개 언어를 이용하여 번역할 수 있습니다.

01 │ Google 번역 앱의 (열기) 버튼을 터치하여 실행합니다. 번역할 언어를 선택하기 위해 오른쪽 언어를 터치합니다.

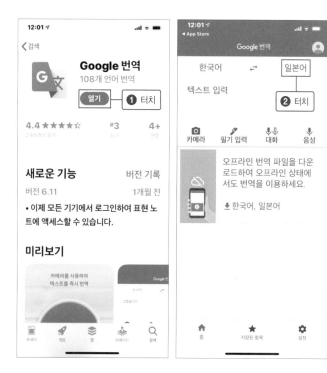

스마트폰을 이용한 구글 번역 앱을 사용하면 휴대가 간편하기 때문에 해외 출장이나 외국인과 통화를 할 때 실시간으로 양방향 번역이 가능합니다.

02 | 영어로 번역하기 위해 〔영어〕를 선택한 다음 입력문을 타이핑하거나 〔음성〕을 터치하여 음성으로 입력하면 영문으로 번역됩니다. 실시간 대화를 번역하기 위해 〔대화〕를 터치합니다.

〔스피커〕 버튼을 터치하면 원어를 음성으로 들을 수 있습니다.

03 | 대화하기 전에 〔양방향 마이크〕 버튼을 터치한 다음 한국어와 영어로 대화를 하면 한국어는 영어로, 영어는 한국어로 남녀 음성으로 번역되어 재생됩니다.

성공 **프레젠테이션**을 위한 슬라이드 제작

구글 프레젠테이션

재택근무나 출장 장소에 있는 PC를 이용하여 프레젠테이션 작업을 해야 하는 상황. 파워포인트 프로그램도 설치되어 있지 않은 상태에서 서식 작업이 필요하며, 이전에 작업한 파워포인트 파일과 연계하여 작업을 진행할 경우도 발생합니다.

구글 프레젠테이션을 이용하면 슬라이드를 직접 구성하거나 기본으로 제공하는 다양한 테마를 이용하여 손쉽게 서식 작업을 할 수 있습니다. 회사에서 작업한 파워포인트 파일을 불러와 연계하여 작업이 가능하며, 참여 사용자에게 바로 공유하거나 의견, 메모를 추가하여 전달할 수도 있습니다.

Part 3

Section 01

구글 프레젠테이션 구성 미리보기

구글 프레젠테이션은 최적의 프레젠테이션 작업을 위한 다양한 기능을 제공하고 있습니다. 구글 프레젠테이션의 화면 구성과 기능에 대해 알아보겠습니다.

❶ **메뉴** : 구글 프레젠테이션 명령을 기능별로 구분하여 제공합니다.

❷ **도구 모음** : 자주 사용하는 명령을 아이콘 형태로 제공합니다.

❸ **슬라이드 축소판 창** : 열려 있는 파일의 슬라이드를 작은 그림으로 표시합니다.

❹ **슬라이드 창** : 슬라이드를 편집하는 작업 영역입니다.

❺ **테마** : 구글 프레젠테이션에서 기본으로 제공하는 테마로, 빠른 스타일이나 디자인을 도움 받아 서식 작업을 쉽게 할 수 있습니다.

❻ **발표자 노트** : 프레젠테이션 발표 시 발표자가 서식 설명이나 메모를 요약하여 발표를 할 때 사용합니다.

❼ **프레젠테이션 보기** : 전체 화면으로 작업한 서식을 프레젠테이션 보기 모드로 표시합니다.

❽ **공유** : 작성한 서식 파일을 사용자 및 그룹 사용자에게 공유합니다.

❾ **새 슬라이드** : 새 슬라이드를 추가합니다.

❿ **실행취소/재실행** : 작업을 한 단계 이전으로 되돌립니다.

⓫ **인쇄** : 작성한 서식을 인쇄합니다.

⓬ **서식 복사** : 텍스트에 적용된 서식을 다른 부분으로 복사하여 적용합니다.

⑬ 확대/축소 : 슬라이드를 크게 확대하거나 축소할 때 사용합니다.

⑭ 선택 : 슬라이드 안의 개체를 선택할 때 사용합니다.

⑮ 텍스트 상자 : 문자를 입력할 때 사용합니다.

⑯ 이미지 삽입 : 슬라이드에 이미지를 삽입할 때 사용합니다.

⑰ 도형 : 원하는 형태의 도형을 삽입합니다.

⑱ 선 : 원하는 형태의 선을 삽입합니다.

⑲ 댓글 추가 : 프레젠테이션 작업 시 사용자와 피드백을 하기 위해 댓글을 추가하거나 메모를 기입할 수 있습니다.

⑳ 입력 도구 : 키보드나 펜 형태의 도구 선택이 가능합니다.

㉑ 배경 변경 : 슬라이드의 배경을 색상이나 이미지, 테마로 설정이 가능합니다.

㉒ 레이아웃 적용 : 원하는 형태의 레이아웃을 선택합니다.

㉓ 테마 변경 : 구글 프레젠테이션에서 제공하는 테마로 변경이 가능합니다.

㉔ 전환 변경 : 슬라이드가 다음 슬라이드로 전환할 때 다양한 전환 효과를 적용합니다.

Section 02

쉽고 빠르게 **새 프레젠테이션 만들기**

구글 프레젠테이션을 이용하여 새 프레젠테이션 파일을 만들어 보겠습니다. 가장 쉽고 빠르게 만들기 위해 먼저 템플릿 기능을 이용하여 만드는 방법을 알아보겠습니다.

01 | 구글 크롬 브라우저에서 (Google 앱) 버튼을 클릭한 다음 (프레젠테이션)을 클릭하여 구글 프레젠테이션을 실행합니다.

02 | 새 프레젠테이션 시작하기 화면이 표시되면 템플릿 파일을 보기 위해 (템플릿 갤러리) 버튼을 클릭합니다.

03 | 구글 프레젠테이션에서 기본으로 제공하는 템플릿 갤러리가 표시됩니다. 작성하려는 서식 파일에 가장 어울리는 템플릿을 선택합니다. 예제에서는 업무 항목에서 (현황 보고서) 템플릿을 선택합니다.

Section 03

스타일이 살아 있는 **문자 변경과 입력하기**

템플릿을 불러오면 문자 크기와 폰트가 정해져 있습니다. 자신이 원하는 문자를 입력하기 위해 개체 틀에서 문자를 변경하고 입력하는 방법에 대해 알아보겠습니다.

01 | 1번 슬라이드에는 제목을 입력하는 문자가 표시됩니다. '프로젝트 이름' 문자 부분을 클릭하면 개체 틀이 표시됩니다.

02 | 개체틀 안의 문자를 변경하기 위해 변경하려는 문자를 드래그하여 블록으로 지정합니다. 예제에서는 '프로젝트 이름'을 블록으로 지정합니다.

03 | 변경하려는 문자를 입력합니다. 예제에서는 '홍보를 위한 마케팅'으로 입력합니다.

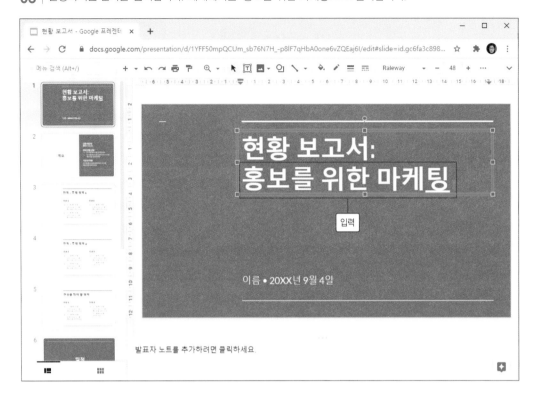

04 | 변경하려는 문자를 클릭할 때마다 개체 틀이 표시됩니다. 변경하려는 문자를 클릭한 다음 블록으로 지정하고 입력하는 방식으로 문자를 변경합니다.

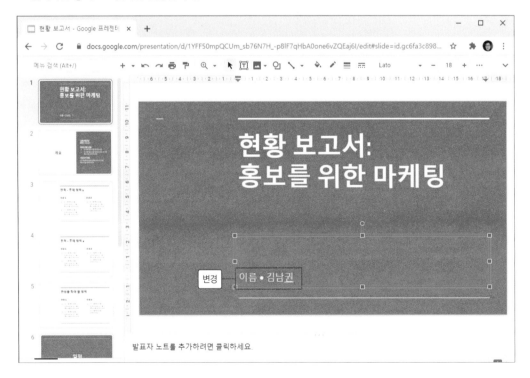

Section 04

슬라이드에 **외부 이미지 삽입하기**

슬라이드의 특정 영역에 이미지를 삽입한 다음 위치와 크기를 조정하는 방법에 대해 알아보겠습니다. 구글 드라이브나 PC에 저장되어 있는 이미지 또는 웹캠을 이용하여 촬영한 사진까지 사용이 가능합니다.

01 │ 이미지를 삽입하기 위해 2번 슬라이드를 클릭하여 선택한 슬라이드를 작업 영역에 표시합니다.

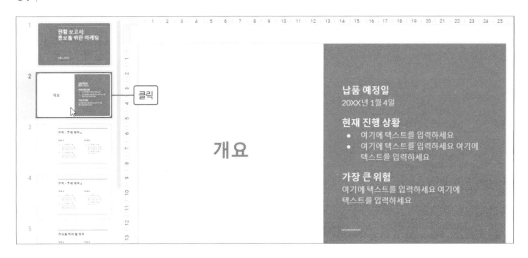

02 │ '개요' 문자 부분을 클릭하여 개체 틀을 표시한 다음 Delete 를 눌러 문자를 삭제합니다. 해당 영역에 이미지를 삽입해 보겠습니다.

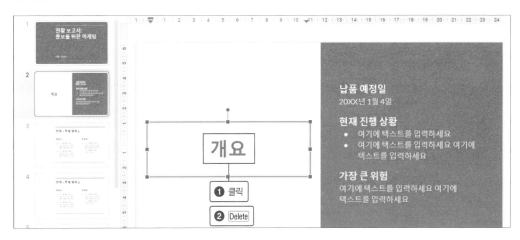

03 | PC에 저장되어 있는 이미지를 불러오기 위해 (이미지 삽입) 버튼을 클릭한 다음 (컴퓨터에서 업로드)를 선택합니다.

04 | 열기 대화상자가 표시되면 삽입하려는 이미지를 선택한 다음 (열기) 버튼을 클릭합니다. 이미지가 슬라이드에 삽입되면 모서리 부분을 드래그하여 이미지 크기를 조정합니다.

05 | 그림과 같이 이미지의 크기와 위치를 조정하여 이미지 삽입을 완성합니다.

Section 05

불필요한 **슬라이드 삭제하기**

템플릿에서는 다양한 스타일의 슬라이드를 제공하고 있습니다. 자신에게 맞는 슬라이드는 변경하여 사용하고, 불필요한 슬라이드는 슬라이드 축소판 창에서 삭제하여 서식 파일을 편집할 수 있습니다.

01 │ 불필요한 슬라이드를 삭제하기 위해 왼쪽의 슬라이드 축소판 창에서 슬라이드를 마우스 오른쪽 버튼을 클릭해 표시되는 메뉴에서 [삭제]를 선택합니다.

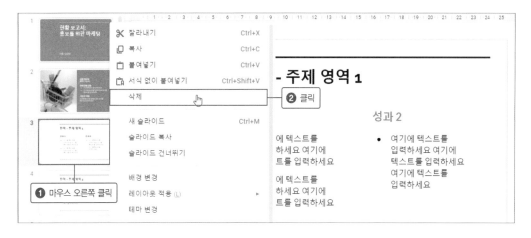

02 │ 슬라이드가 삭제됩니다. 같은 방식으로 불필요한 슬라이드를 삭제하여 자신에게 필요한 슬라이드만 남겨 프레젠테이션 파일을 완성합니다.

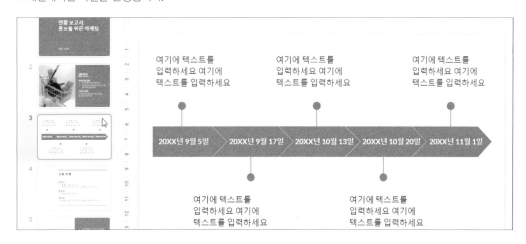

Section 06

화면 전체로 **프레젠테이션 실행하기**

구글 프레젠테이션으로 서식 작업을 하였다면 프레젠테이션을 실행해 보겠습니다. 저장하기 전에 제대로 작업이 되었는지 테스트할 경우에도 사용합니다.

01 | 프레젠테이션을 실행하기 위해 화면 상단에 메뉴를 표시합니다. (메뉴 표시) 버튼을 클릭하여 메뉴가 표시되도록 합니다.

02 | 메뉴가 화면 상단에 표시됩니다. 화면 상단의 (프레젠테이션 보기) 버튼을 클릭합니다.

03 | 화면 전체에 프레젠테이션이 시작됩니다. 왼쪽 하단의 제어판에서 (재생) 버튼을 클릭해 슬라이드를 이동시킵니다. [Esc]를 눌러 작업 영역 화면으로 되돌릴 수 있습니다.

> 왼쪽 하단의 제어판에서 (포인터)를 클릭한 다음 화면 위로 드래그하면, 실제 프레젠테이션에서 특정 화면 부분을 지시할 때 유용하게 사용할 수 있습니다.

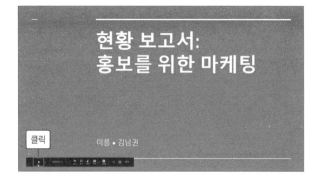

Section 07

구글 서식 작업을 **파워포인트 파일로 저장하기**

구글 프레젠테이션으로 작업한 서식 파일을 파워포인트 파일 형식인 PPTX 파일로 저장이 가능합니다. 이 파일 형식으로 저장하면 파워포인트에서 불러올 수 있는 장점이 있습니다.

01 | 서식 파일을 저장하기 위해 (파일) 메뉴에서 (다운로드) → (Microsoft PowerPoint(.pptx))를 선택합니다.

02 | 작업한 서식 파일이 내 PC의 하드 디스크에 '현황 보고서.pptx' 파일로 저장됩니다. 화면 왼쪽 하단에 다운로드된 파일을 확인할 수 있습니다.

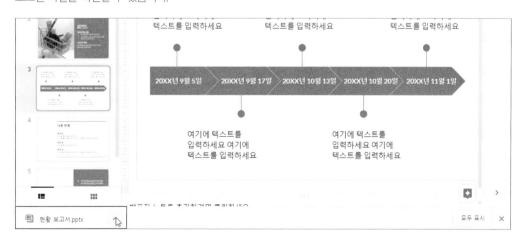

Section **08**

파워포인트에서 **구글 프레젠테이션 파일 불러오기**

파워포인트를 실행한 다음 구글 프레젠테이션에서 작업한 서식 파일을 불러오겠습니다. 파워포인트 프로그램과 구글 프레젠테이션으로 작업한 파일을 연동하여 작업하면 장소에 상관없이 언제든지 작업이 가능합니다.

01 | 파워포인트를 실행하기 위해 (시작) 버튼을 클릭한 다음 (Microsoft PowerPoint)를 실행합니다.

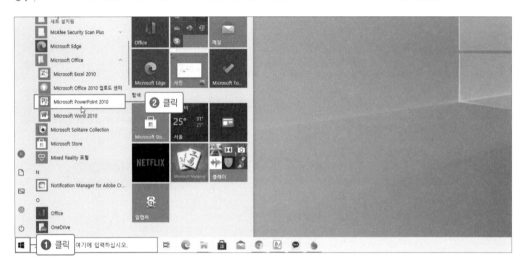

02 | 구글 프레젠테이션에서 작업한 서식 파일을 불러오기 위해 (파일) 메뉴를 클릭합니다.

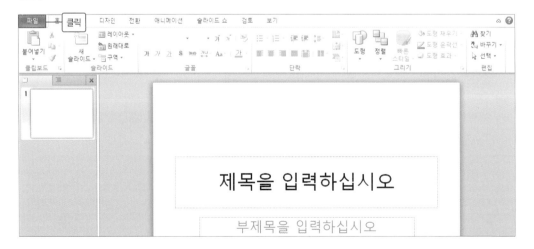

03 | [열기]를 선택하여 열기 대화상자가 표시되면 구글 프레젠테이션에서 작업한 파일을 선택한 다음 [열기] 버튼을 클릭합니다.

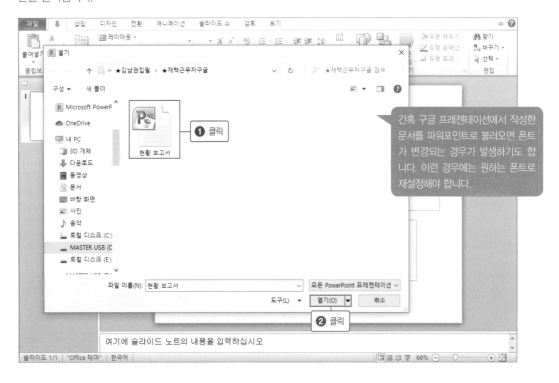

04 | 그림과 같이 구글 프레젠테이션에서 작업한 파일이 파워포인트에서 그대로 불러온 것을 확인할 수 있습니다.

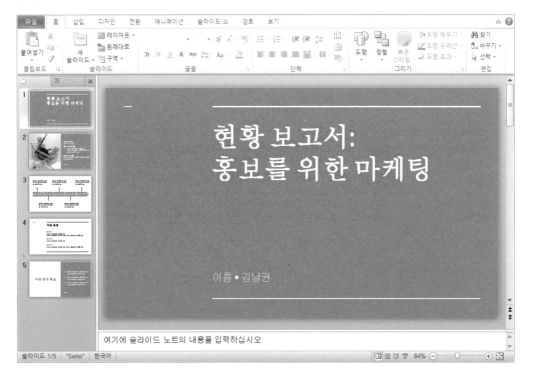

Section 09

프레젠테이션 중간에 **실시간으로 질문 받기**

구글 프레젠테이션에서 Q&A 기능을 이용하면 프레젠테이션 진행 중에 실시간으로 질문이나 내용에 대한 피드백을 주고받을 수 있습니다. 프레젠테이션 과정에서 실시간 질문을 하는 방법에 대해 알아보겠습니다.

01 | 구글 프레젠테이션에서 (프레젠테이션 보기) 버튼을 클릭하여 프레젠테이션을 시작합니다.

02 | 참가자에게 질문을 하기 위해 프레젠테이션 화면 하단에서 (Q&A)를 클릭합니다.

03 │ 발표자 보기 대화상자가 표시되면 [새 세션 시작] 버튼을 클릭합니다.

04 │ 질문 수락 항목에 질문 제출용 URL이 표시됩니다. 해당 URL을 드래그하여 블록으로 지정한 다음 마우스 오른쪽 버튼을 클릭해 메뉴에서 [복사]를 선택합니다.

05 | 프레젠테이션 Q&A 화면으로 이동하기 위해 질문 제출용 URL을 클릭합니다.

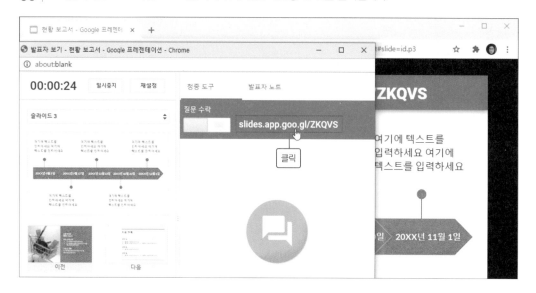

06 | 프레젠테이션 Q&A 화면이 표시되면 질문 입력란에 질문을 입력한 다음 (제출) 버튼을 클릭합니다.

07 | 발표자가 참가자에게 질문 항목이 별도의 항목으로 표시되며, 질문이 제출되었습니다.

08 | 참가자의 질문을 유도하기 위해 참가자의 문자나 카카오톡 메시지에 해당 URL을 붙여 넣습니다.

09 | 참가자는 해당 URL을 클릭하여 프레젠테이션 Q&A 화면으로 접속할 수 있으며, 해당 질문에 대한 답변이나 피드백을 입력하여 제출할 수 있습니다.

Section 10

데이터를 입력하여 **차트 만들기**

구글 프레젠테이션에서는 다양한 형태의 차트를 제공하고 있습니다. 여기서는 차트 형태부터 차트 구성을 위한 데이터, 차트 편집기를 이용하여 차트 제목을 편집하는 방법에 대해 알아보겠습니다.

01 | 차트를 만들기 위해 새 프레젠테이션 시작하기에서 (내용 없음)을 클릭합니다.

02 | 새 프레젠테이션이 만들어졌다면 작업 영역을 크게 보기 위해 테마의 (닫기) 버튼을 클릭합니다.

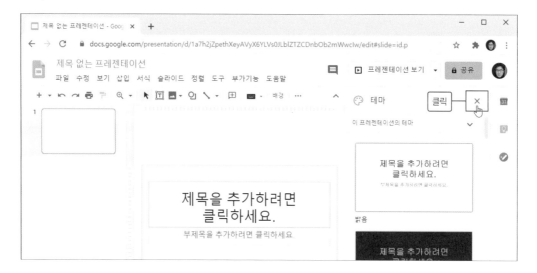

03 | 작업 영역에 막대 차트를 만들기 위해 (삽입) 메뉴에서 (차트) → (막대)를 선택합니다.

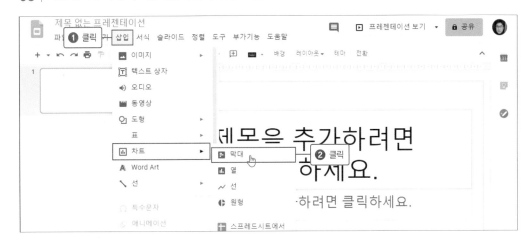

04 | 막대 형태의 차트가 표시됩니다. 수치 값을 입력하여 정확한 차트를 만들기 위해 (연결된 차트 옵션) 버튼을 클릭합니다.

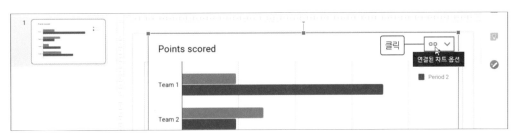

05 | 표시되는 팝업 메뉴에서 (원본 소스 열기)를 선택합니다.

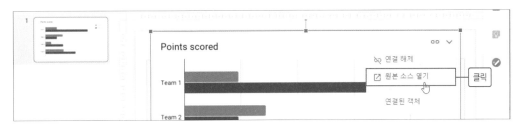

06 | 그림과 같이 스프레드시트 형태의 데이터가 표시됩니다. 먼저 세로 열의 셀을 클릭하여 문자를 입력합니다.

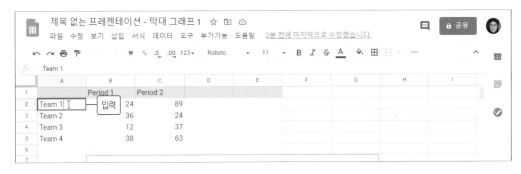

07 | 세로열의 문자들을 변경하였다면 이번에는 가로열의 셀을 클릭하여 원하는 문자를 입력합니다.

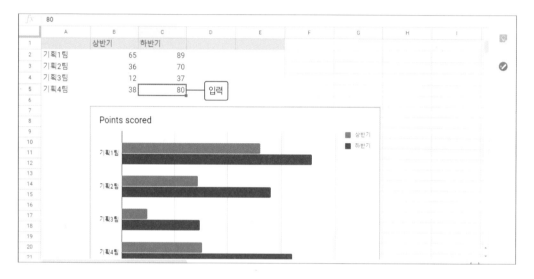

08 | 이번에는 수치 값 셀을 클릭한 다음 데이터 수치를 변경하여 입력합니다. 수치 값에 맞게 막대 형태의 차트 길이도 변경됩니다.

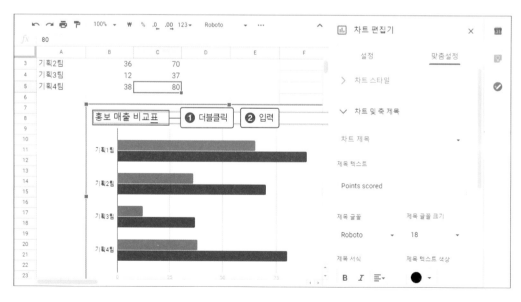

09 | 차트 제목을 변경하기 위해 해당 차트 제목을 더블클릭한 다음 문자를 입력합니다. 오른쪽에 차트 편집기가 표시됩니다.

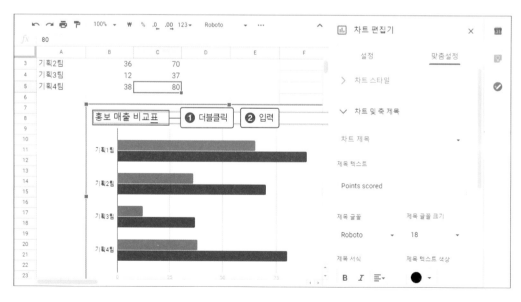

10 | 차트 제목이 변경되었다면 차트 편집기에서 제목 텍스트 색상 옵션에서 원하는 문자 색상을 선택합니다. 차트 제목 색상이 변경됩니다.

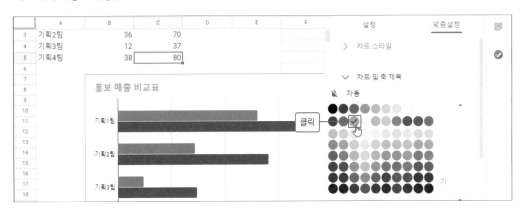

11 | 슬라이드 작업 영역으로 되돌아가기 위해 제목 표시줄에서 작업 슬라이드를 클릭합니다. 수치 값이 적용된 차트로 업데이트하기 위해 (업데이트) 버튼을 클릭합니다.

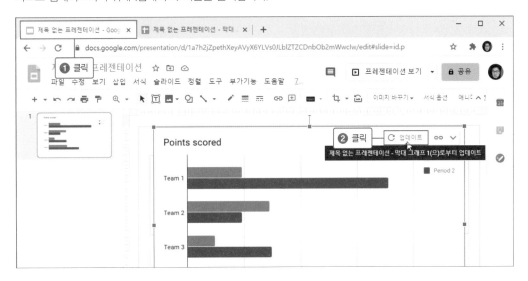

12 | 그림과 같이 데이터를 입력한 차트로 업데이트되어 표시됩니다. 차트가 완성되었습니다.

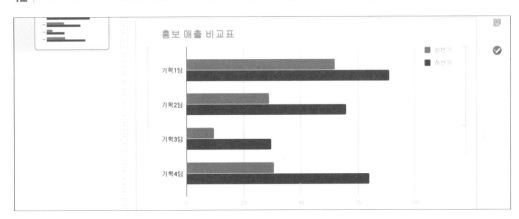

Section 11

다양한 형태의 **도형 작성과 색 채우기**

문자를 강조하거나 돋보이게 하기 위해 도형을 작성합니다. 구글 프레젠테이션에서 제공하는 도형 기능으로 말풍선 형태의 도형을 만들고 도형 안에 문자를 작성해 보겠습니다.

01 | 도형이 돋보이도록 배경색을 변경하기 위해 배경 부분을 마우스 오른쪽 버튼으로 클릭한 다음 팝업 메뉴에서 (배경 변경)을 선택합니다.

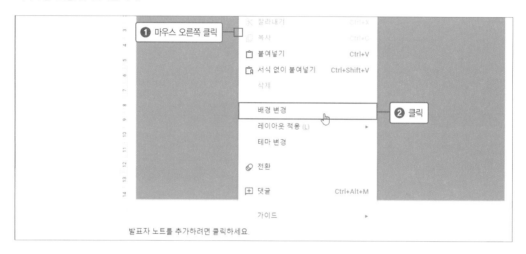

02 | 배경 대화상자가 표시되면 색상 옵션의 팝업 버튼을 클릭한 다음 (단색) 항목에서 (진한 회색)을 선택합니다.

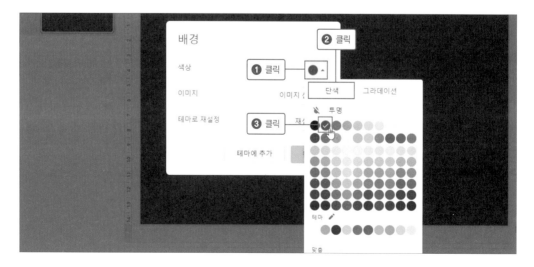

03 | 슬라이드 색상이 진한 회색으로 변경되었다면 말풍선 형태의 도형을 작성하기 위해 (도형) 버튼을 클릭합니다.

04 | 메뉴에서 (설명선) → (직사각형 설명선)을 선택합니다.

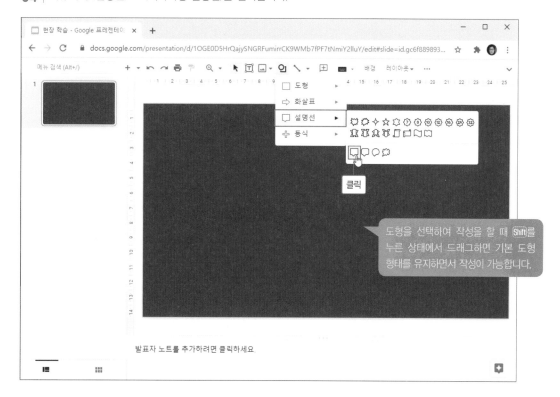

05 │ 슬라이드 창을 드래그하면 그림과 같은 말풍선이 작성됩니다. 크기에 맞게 화면 왼쪽에 위치시킨 다음 색을 변경하기 위해 (채우기 색상) 버튼을 클릭합니다.

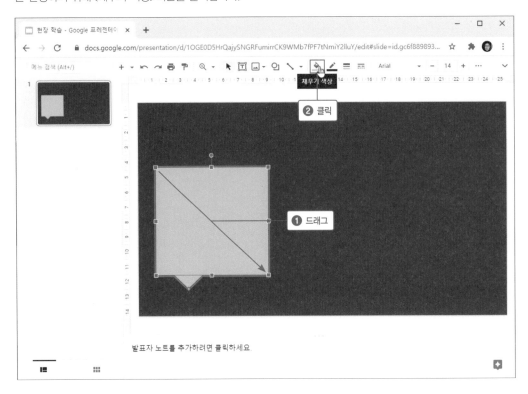

06 │ (단색) 옵션에서 원하는 색상을 선택합니다. 예제에서는 (주황색)을 선택하여 색상을 채웁니다.

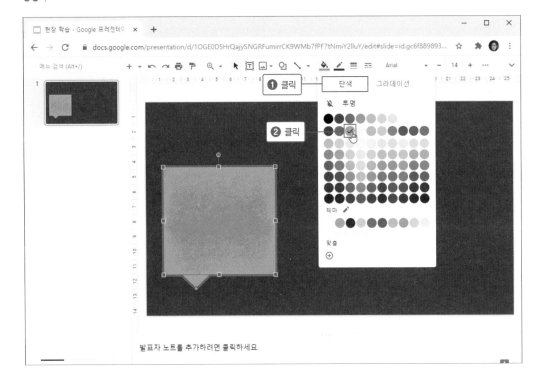

Section **12**

도형 **테두리와 그라데이션 적용하기**

도형 외곽선 부분에 배경 색상과 구별되도록 테두리 색상을 지정해 보고, 단색 이외에 그라데이션을 도형 안에 채워 보겠습니다.

01 | 작성한 도형을 복사하기 위해 1번 도형을 클릭하여 선택한 다음 Ctrl + C 를 눌러 복사하고 Ctrl + V 를 눌러 붙여 넣습니다. 1번 도형의 오른쪽으로 드래그해 위치시킵니다.

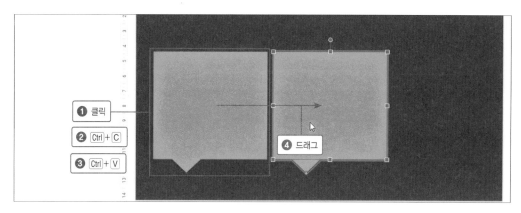

02 | 복사한 도형의 색상을 변경하기 위해 도형을 선택한 다음 도형 색상을 선택합니다. 예제에서는 (하늘색)을 선택하였습니다.

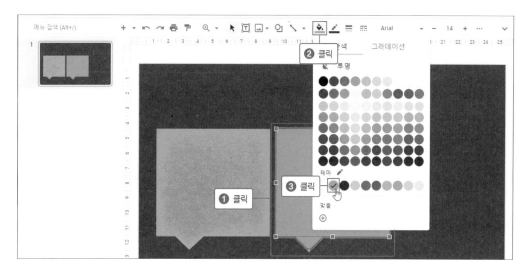

03 | 말풍선 형태의 도형에 테두리를 만들기 위해 (테두리 색상) 버튼을 클릭한 다음 (흰색)을 선택합니다. 테두리가 생성된 것을 확인할 수 있습니다.

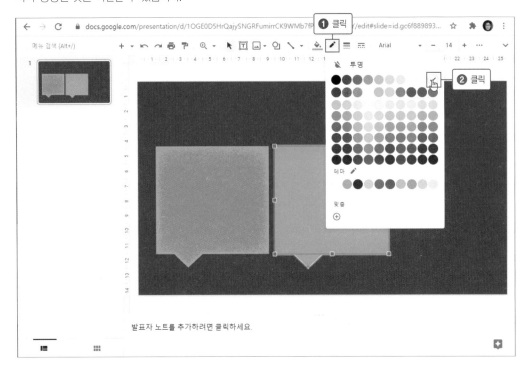

04 | 2번 도형을 선택한 다음 Ctrl + C를 눌러 복사하고 Ctrl + V를 눌러 붙여 넣습니다. 도형이 복사되었습니다.

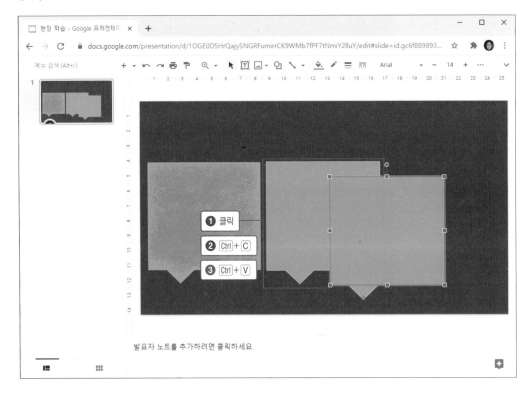

05 | 복사된 도형에 그라데이션을 적용시키기 위해 [채우기 색상] 버튼을 클릭한 다음 [그라데이션] 옵션에서 그라데이션을 선택합니다. 예제에서는 [연한 보라색 그라데이션]을 선택하였습니다.

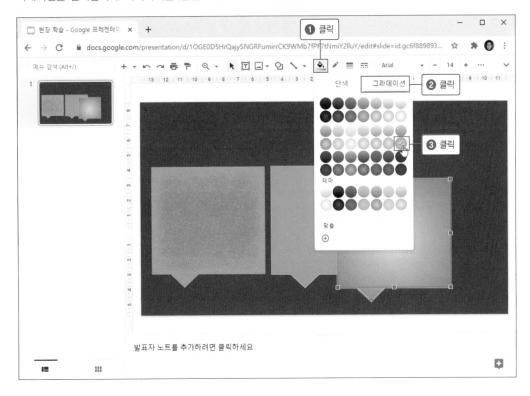

06 | 그림과 같이 연한 보라색으로 그라데이션이 적용된 것을 확인할 수 있습니다.

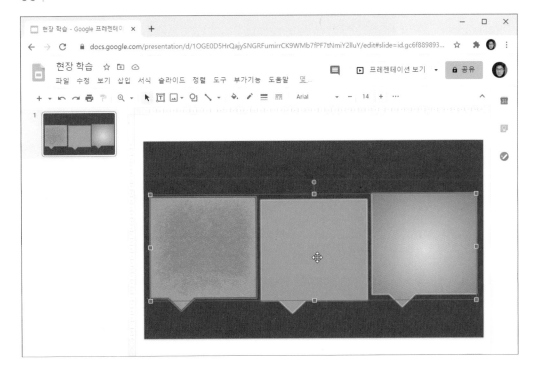

Section 13

도형을 **정렬하고 도형 안에 문자 입력하기**

여러 개의 도형들을 드래그하는 방식으로는 정확하게 정렬하기가 힘듭니다. 정렬 기능을 이용하여 한번에 정확하게 기준선에 맞게 정렬해 보겠습니다.

01 │ 작성한 도형을 정렬시키기 위해 Shift를 누른 상태에서 도형들을 클릭하여 모두 선택합니다.

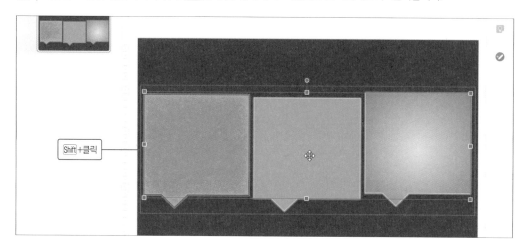

02 │ 도형들을 정확하게 정렬시키기 위해 (정렬) 메뉴에서 (정렬) → (중간(세로))를 선택합니다.

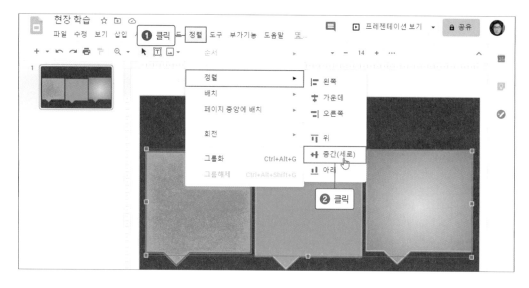

03 │ 그림과 같이 중간을 기준으로 정확하게 도형이 정렬된 것을 확인할 수 있습니다.

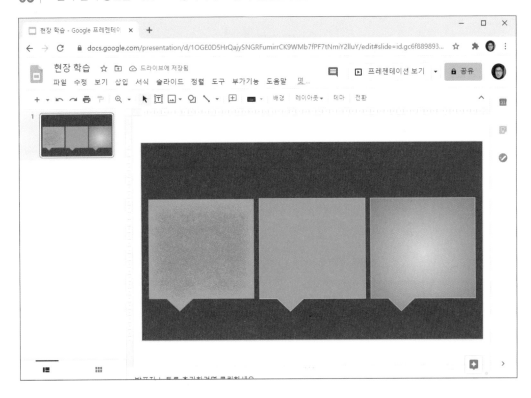

04 │ 슬라이드 제목과 정렬된 도형 안에 더블클릭해 문자를 입력하고 프레젠테이션 작업을 완성합니다.

Section 14

타이핑은 No! 한국어로 음성 인식 노트 입력하기

구글 프레젠테이션의 음성 인식 기능을 이용하면 발표자가 문자를 입력하지 않아도 한국어나 영어, 다른 언어로 문장 입력이 가능합니다. 음성 인식 기능은 타이핑이 불편한 사용자도 유용하게 사용할 수 있습니다.

01 | 음성을 인식하여 사용자가 말하는 대로 문자가 입력되도록 [도구] 메뉴에서 [발표자 노트 음성 입력]을 선택합니다.

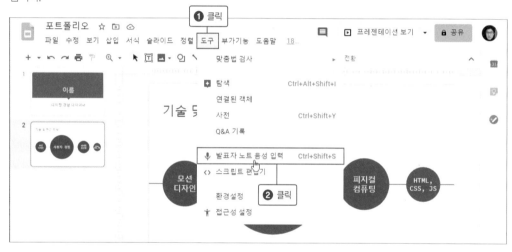

02 | 마이크 버튼이 표시되며, 음성 인식 언어를 선택합니다. 예제에서는 한국어로 말하기 위해 기본 선택 언어인 '한국어'를 확인합니다.

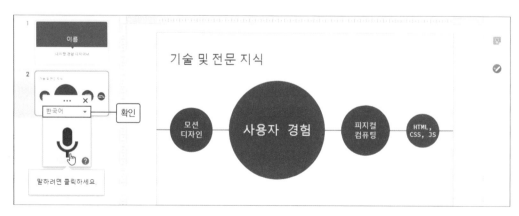

03 | 음성 인식 노트를 하기 위해 (마이크) 버튼을 클릭합니다. 발표자가 말을 하면 음성을 인식하고, 문자가 입력되는 것을 확인할 수 있습니다.

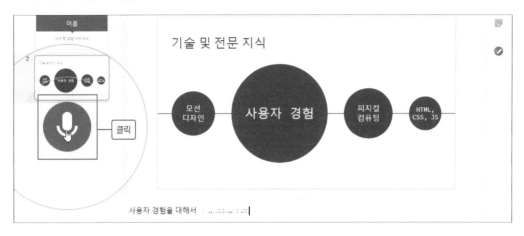

04 | 지나치게 빨리 발음하면 잘못 인식할 수 있으므로, 또박또박 정확하게 발음하면서 말을 합니다.

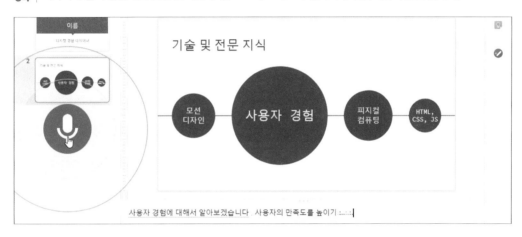

05 | 발표자가 말을 할 때마다 음성을 인식하고 문자가 입력됩니다. '마침표'라고 말을 하면 문장에 마침표가 입력됩니다. 음성 인식을 끄기 위해 (마이크) 버튼을 클릭합니다.

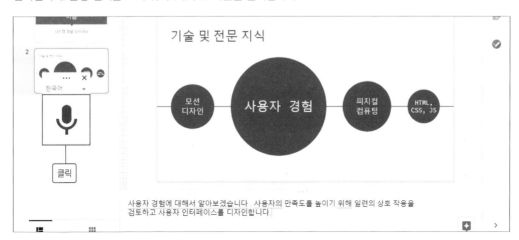

Section **15**

멀티미디어의 시작, **슬라이드에 동영상 삽입하기**

멀티미디어 프레젠테이션의 기본은 동영상을 사용하는 것입니다. 구글 프레젠테이션에서는 먼저 동영상을 구글 드라이브에 업로드한 다음 동영상을 서식 영역에 삽입하여 크기와 효과를 적용할 수 있습니다.

01 동영상을 넣기 위해 미리 작업 영역에 동영상이 위치할 영역을 확보해야 합니다. 예제에서는 '제품 홍보 동영상' 문자 하단에 동영상을 위치시켜 보겠습니다.

02 슬라이드 창에 동영상을 삽입하기 위해 (삽입) 메뉴에서 (동영상)을 선택합니다.

03 │ 동영상 삽입 대화상자가 표시되면 구글 드라이브에 업로드되어 있는 동영상을 검색하기 위해 동영상 이름을 입력하고 (검색) 버튼을 클릭합니다.

04 │ 동영상 파일명이 검색되면 검색 리스트에 동영상 파일이 표시됩니다. 해당 동영상을 선택한 다음 (선택) 버튼을 클릭합니다.

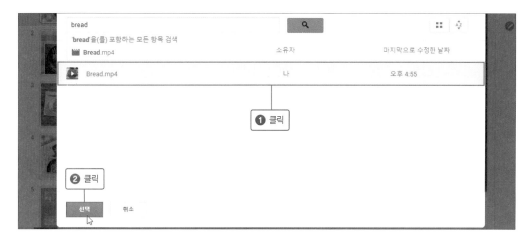

05 │ 오른쪽 화면에는 동영상의 형태를 조정할 수 있는 서식 옵션이 표시되며, 그림과 같이 슬라이드 창에 동영상이 삽입됩니다.

06 | 동영상 개체 틀을 드래그하여 위치를 이동시키고, 모서리 부분을 드래그하여 동영상의 크기를 조정합니다.

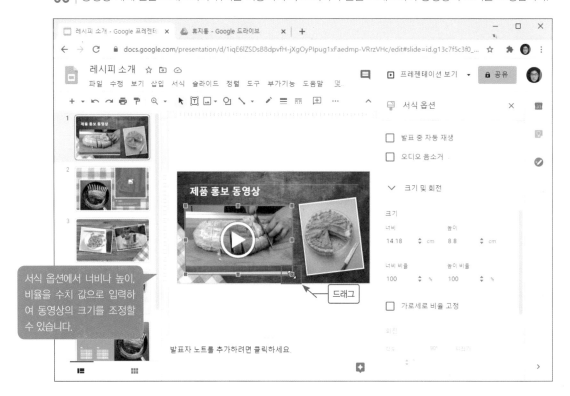

서식 옵션에서 너비나 높이, 비율을 수치 값으로 입력하여 동영상의 크기를 조정할 수 있습니다.

07 | 동영상이 배경 이미지와 구별되도록 그림자 효과를 적용해 보겠습니다. 서식 옵션의 그림자 항목에서 거리 슬라이더를 드래그하여 그림자 길이를 조정합니다. 서식 옵션을 적용하면 (닫기) 버튼을 클릭합니다.

08 | 삽입된 동영상에 표시된 재생 버튼을 클릭해 동영상이 제대로 재생되는지 확인합니다.

09 | 동영상 하단에 동영상 제어 버튼이 표시됩니다. 재생 버튼을 클릭해 동영상을 확인하고, 사운드와 전체 화면 등이 실행되는지 확인합니다.

Section **16**

내용은 그대로! 한번에 디자인 테마 변경하기

템플릿을 이용하여 슬라이드 창에 콘텐츠를 입력한 다음 원하는 색상이나 디자인으로 변경하기 위해서는 테마 기능을 이용합니다. 별도의 수정 없이 간단하게 디자인을 변경할 수 있는 장점이 있습니다.

01 | 구글 프레젠테이션에서 템플릿 갤러리를 표시한 상태에서 업무 항목에서 (사례 연구) 템플릿을 선택합니다.

02 | 그림과 같이 청색 계열로 디자인된 프레젠테이션의 슬라이드 창이 표시됩니다. 상단 메뉴에서 (테마 변경) 버튼을 클릭합니다.

03 | 오른쪽 화면의 테마 선택 창에서 원하는 테마를 선택합니다. 보라색 계열의 〔자두〕 테마 디자인을 선택하여 테마를 변경합니다.

04 | 레드 계열의 〔현대 작가〕 테마 디자인을 선택하면 콘텐츠를 유지하면서 색상과 디자인만 변경되는 것을 확인할 수 있습니다.

05 | 테마 창의 〔닫기〕 버튼을 클릭하여 적용된 테마를 확인한 다음 원하는 슬라이드 창에 문구를 입력하여 완성합니다.

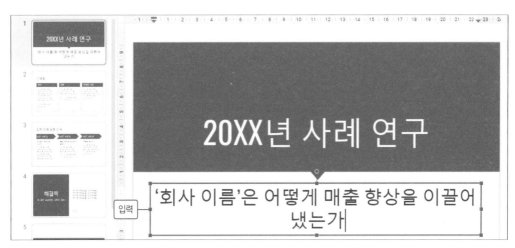

G

또 하나의 무료 엑셀,
구글 스프레드시트

내 컴퓨터에 엑셀이 설치되어 있지 않다면 바로 제출해야 할 보고
서 양식 등을 작성할 수 없는 경우가 발생하기도 합니다. 구글 스
프레드시트는 언제 어디서나 업무에 필요한 양식을 작성할 수 있
고, 자동으로 표 계산하는 기능뿐만 아니라 데이터를 기준으로 그
래픽 형태의 차트도 만들 수 있습니다.

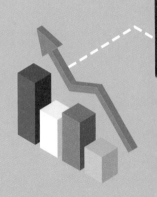

Part 4

Section 01

스프레드시트 미리보기

구글 스프레드시트는 업무에 필요한 다양한 양식과 수식 작업을 할 수 있도록 다양한 기능을 제 공합니다. 엑셀과 거의 유사한 구글 스프레드시트의 구성과 기능에 대해 알아보겠습니다.

❶ **메뉴** : 자주 사용되는 메뉴를 표시합니다.

❷ **별표** : 문서의 중요도를 표시하기 위해 별표 를 부여합니다.

❸ **이동** : 내 드라이브의 폴더 안에 현재 스프레 드시트의 위치를 지정합니다.

❹ **드라이브 저장** : 모든 변경사항을 드라이브 에 저장합니다.

❺ **굵게** : 글자의 두께를 굵게 조정합니다.

❻ **기울임** : 글자를 이탤릭체 형태로 비스듬하 게 기울입니다.

❼ **취소선** : 문자 가운데 취소선을 표시합니다.

❽ **텍스트 색상** : 글자의 색상을 지정합니다.

❾ **채우기 색상** : 선택한 셀에 색상을 채웁니다.

❿ **테두리** : 셀의 외곽선을 기준으로 테두리 선 을 표시하거나 감춥니다.

⓫ **셀 병합** : 선택된 셀을 하나로 통합합니다.

⓬ **행** : 번호를 기준으로 가로 셀을 의미합니다.

⓭ **열** : 알파벳을 기준으로 세로 셀을 의미합니다.

⓮ **셀** : 데이터를 입력하는 최소한의 단위입니다.

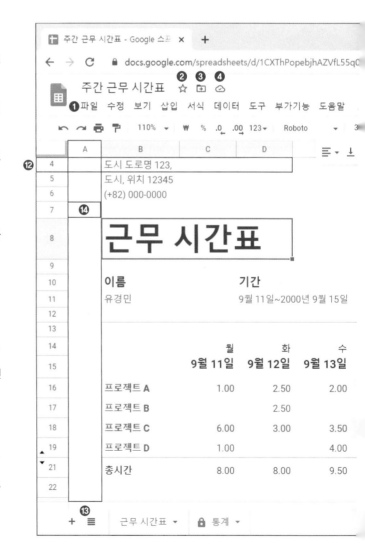

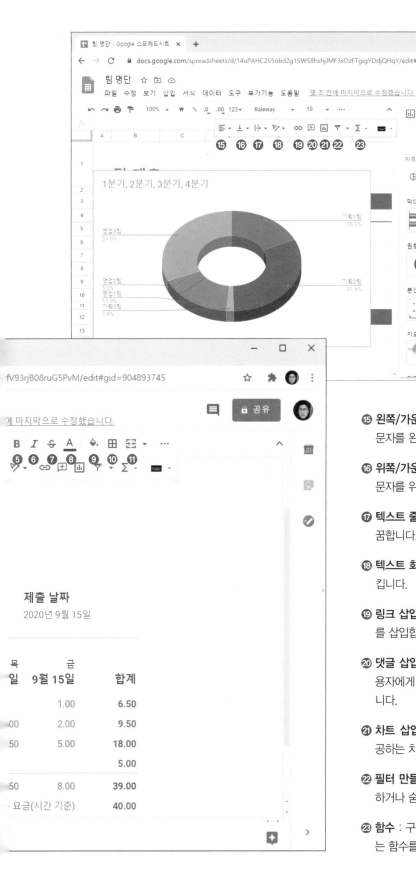

⑮ 왼쪽/가운데/오른쪽 정렬 : 셀 안에 입력한 문자를 왼쪽, 가운데, 오른쪽으로 정렬합니다.

⑯ 위쪽/가운데/아래쪽 정렬 : 셀 안에 입력한 문자를 위쪽, 가운데, 아래쪽으로 정렬합니다.

⑰ 텍스트 줄바꿈 : 셀 안에 입력한 문자를 줄바꿈합니다.

⑱ 텍스트 회전 : 셀 안에 입력한 문자를 회전시킵니다.

⑲ 링크 삽입 : 인터넷에 연결될 수 있도록 링크를 삽입합니다.

⑳ 댓글 삽입 : 스프레드시트에 대한 의견을 사용자에게 보내거나 댓글을 달 수 있도록 합니다.

㉑ 차트 삽입 : 스프레드시트에서 기본으로 제공하는 차트를 삽입합니다.

㉒ 필터 만들기 : 조건에 맞는 데이터를 보이게 하거나 숨깁니다.

㉓ 함수 : 구글 스프레드시트에서 사용할 수 있는 함수를 입력합니다.

Section 02

초간단 **문서 양식 만들기**

구글 스프레드시트에서 새로운 양식을 빨리 만들기 위해 갤러리 기능을 사용합니다. 갤러리에서 사용자가 원하는 양식과 가장 비슷한 폼을 선택한 다음 데이터를 수정하여 사용합니다.

01 | 새로운 문서 양식을 갤러리 기능으로 만들기 위해 (스프레드시트 홈) 버튼을 클릭합니다.

02 | 스프레드시트 홈 화면이 표시되면 (템플릿 갤러리) 버튼을 클릭합니다.

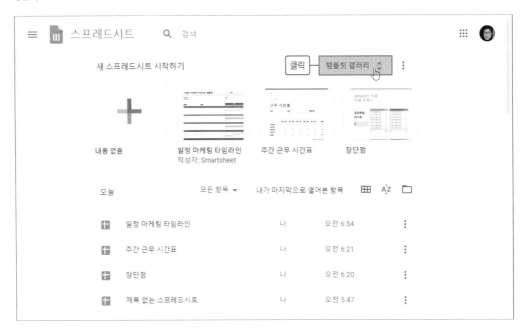

03 | 2단 편집 형태의 양식을 만들기 위해 템플릿 갤러리에서 개인 항목의 (장단점) 템플릿을 선택합니다.

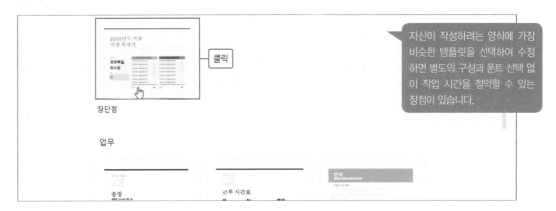

자신이 작성하려는 양식에 가장 비슷한 템플릿을 선택하여 수정하면 별도의 구성과 폰트 선택 없이 작업 시간을 절약할 수 있는 장점이 있습니다.

04 | 문자 폰트의 크기나 색상 등이 다양하게 표시된 문서 양식을 확인할 수 있습니다. 제목을 수정하기 위해 양식 제목을 클릭합니다.

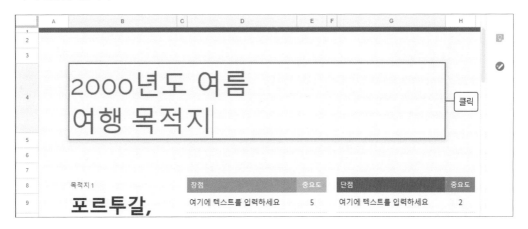

05 | 원하는 양식 제목을 입력하면 기존 스타일대로 제목이 수정됩니다. 수정하고 싶은 문자를 선택한 다음 수정하여 자신이 원하는 양식으로 사용합니다.

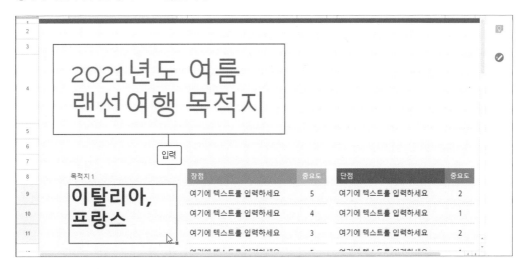

Section 03

엑셀 파일을 구글 스프레드시트에서 열고 저장하기

마이크로소프트 사의 엑셀에서 작성한 파일인 Microsoft Excel 워크시트(.xlsx) 파일은 구글 스프레드시트와 호환되어 파일을 열고 저장할 수 있습니다.

01 | 엑셀 파일을 구글 스프레드시트에서 열기 위해 엑셀에서 파일을 먼저 확인합니다. 엑셀에서 연 파일은 배송장 파일입니다.

02 | 구글 스프레드시트를 실행한 다음 스프레드시트 홈 화면에서 (파일 선택기 열기) 버튼을 클릭합니다.

03 | 파일 열기 대화상자가 표시되면 (업로드)를 클릭한 다음 엑셀 파일을 업로드 창으로 드래그합니다.

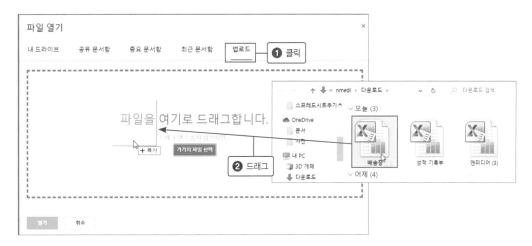

04 | 엑셀 파일이 구글 드라이브로 업로드됩니다. 업로드가 완료되면 (열기) 버튼을 클릭합니다. 그림과 같이 엑셀 파일이 구글 스프레드시트에서 열리는 것을 확인할 수 있습니다.

05 | 구글 스프레드시트에서 연 파일은 엑셀 파일로 저장이 가능합니다. (파일) 메뉴에서 (다운로드) → (Microsoft Excel(.xlsx))을 선택합니다. 내 컴퓨터로 파일이 저장되는 것을 확인할 수 있습니다.

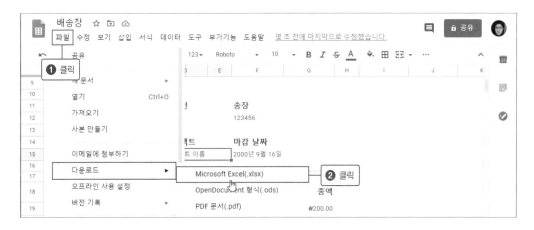

Section 04
유용한 셀 통합과 문자 입력하기

스프레드시트에서 가장 기본이 되는 셀 편집 방법과 셀 안에 문자 입력하는 방법에 대해 알아보겠습니다.

01 | 〔Google 앱〕 버튼을 클릭한 다음 〔스프레드시트〕를 클릭합니다.

02 | 구글 스프레드시트가 실행되면, 상단의 프로젝트 이름을 '경비 보고서'를 입력하여 변경합니다.

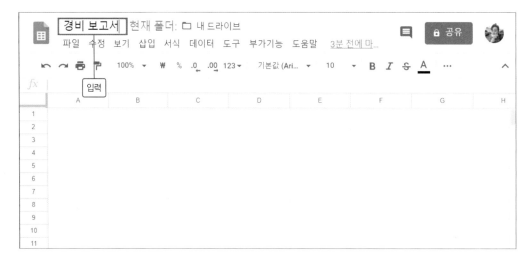

03 | 1행 B열을 클릭한 다음 D열까지 드래그하여 B, C, D열을 블록으로 지정합니다.

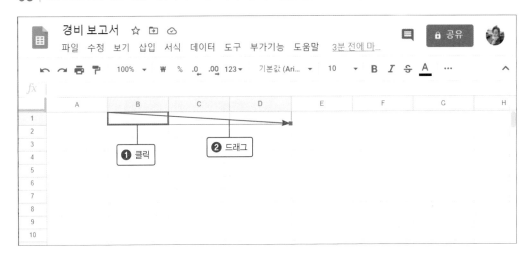

04 | 〔더보기 (⋯)〕 버튼을 클릭한 다음 〔셀 병합〕 버튼을 클릭하여 3열을 하나의 셀로 병합합니다.

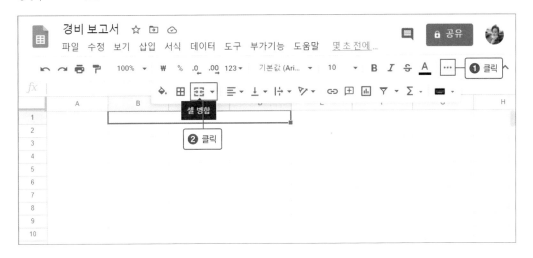

05 | 병합된 셀을 더블클릭한 다음 '회사 이름'이라고 입력합니다.

06 | '회사 이름'을 드래그하여 블록으로 지정한 다음 글꼴을 (Roboto), 크기는 (14), 텍스트 색상은 (진한 보라색)을 선택합니다.

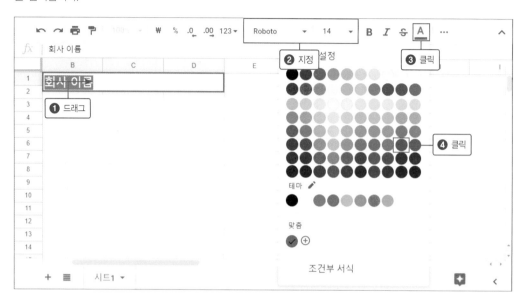

07 | 2행의 B, C, D 3개의 열도 셀을 병합한 다음 '도시 도로명 123,'을 입력합니다. 글꼴은 (Roboto)로 지정합니다.

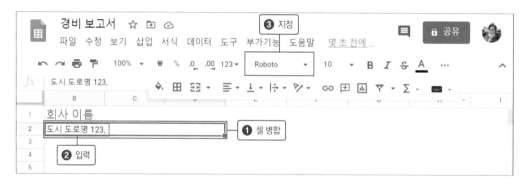

08 | 4행의 B열~G열을 선택한 다음 셀 병합하고 '경비 보고서'를 입력합니다. 글꼴은 (Arial), 크기는 (24), 텍스트 색상은 (진한 파란색)으로 선택합니다. (굵게) 버튼을 클릭하여 입력한 문자를 두껍게 설정합니다.

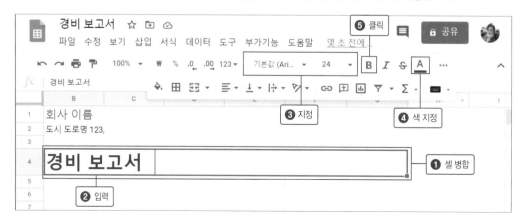

09 | 5행의 E, F, G 3개의 열을 셀 병합한 다음 날짜를 입력하고 글꼴과 크기, 텍스트 색상은 각각 (Roboto), (10), (진한 자홍색)으로 선택합니다.

10 | 7행도 같은 방법으로 셀 병합하고 각각 '이름'과 '직원 ID', '부서'를 입력합니다.

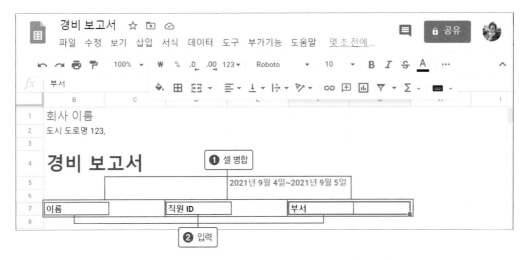

11 | 10행의 B, C열과 D, E 열도 같은 방법으로 셀 병합한 다음 각각 '관리자', '목적'을 입력합니다.

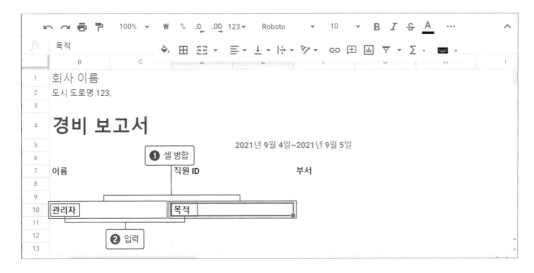

Section 05

선 만들고 셀 색상으로 **표 작성하기**

테두리 기능을 이용하여 표 형태의 선분을 작성하고, 행에 색상을 채워 항목이 구분되도록 표를 완성해 보겠습니다.

01 | 12행의 B열~G열을 드래그하여 블록으로 지정한 다음 (더보기(⋯)) 버튼을 클릭하고 (테두리(⊞)) 버튼을 클릭합니다. 테두리 설정 옵션 중에 (아래쪽 테두리)를 선택합니다. 셀 밑에 실선의 테두리가 생성됩니다.

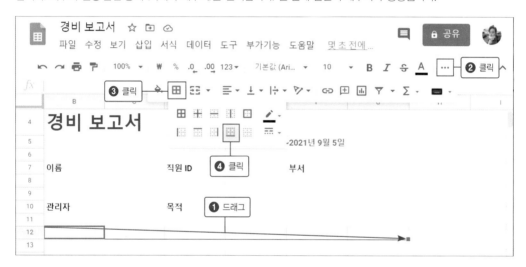

02 | 14행의 D, E열을 셀 병합한 다음 14행에 그림과 같이 문자를 입력합니다. 글꼴은 (Roboto), 크기는 (10), 텍스트 색상은 (진한 파란색)으로 선택합니다.

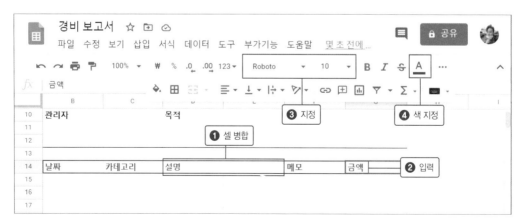

03 | 15행의 D, E열과 16행의 D, E열을 셀 병합합니다. 15행과 16행에도 그림과 같이 문자를 입력합니다.

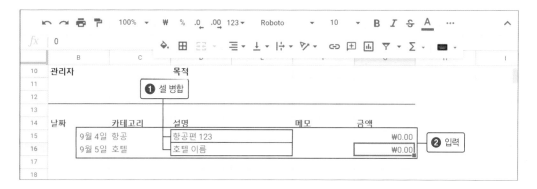

04 | 15행과 16행의 C열 '항공', '호텔'을 드래그하여 블록으로 지정한 다음 (굵게(B)) 버튼을 클릭해 문자를 두껍게 지정합니다.

05 | 15행의 B열~G열을 드래그하여 블록으로 지정하고 (채우기 색상) 버튼을 클릭한 다음 (연한 회색)을 선택합니다. 셀 색상이 연한 회색으로 변경됩니다.

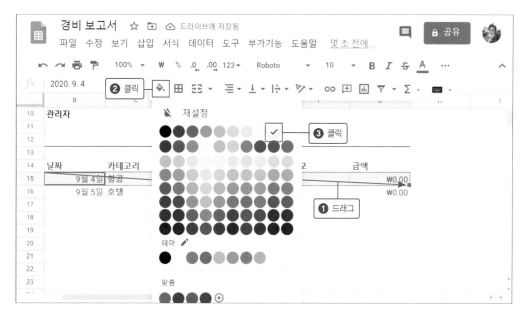

06 | 같은 방법으로 17행, 19행, 21행의 B열~G열을 (채우기 색상) 버튼을 클릭하여 (연한 회색)으로 셀 색상을 채웁니다.

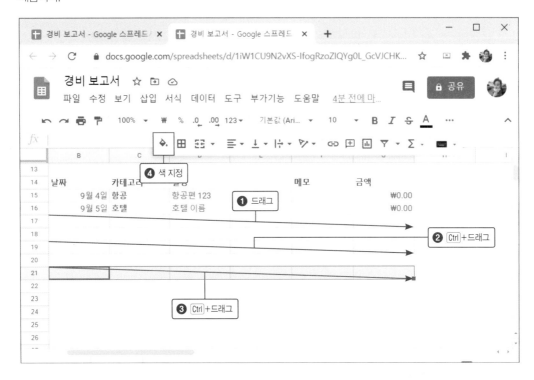

07 | 같은 방법으로 21행의 B열~G열을 드래그하여 블록으로 지정한 다음 (연한 회색)으로 셀 색상을 채웁니다. (테두리(⊞)) 버튼을 클릭한 다음 테두리 설정 옵션 중에 (아래쪽 테두리)를 선택합니다. 셀 밑에 실선의 테두리가 생성됩니다.

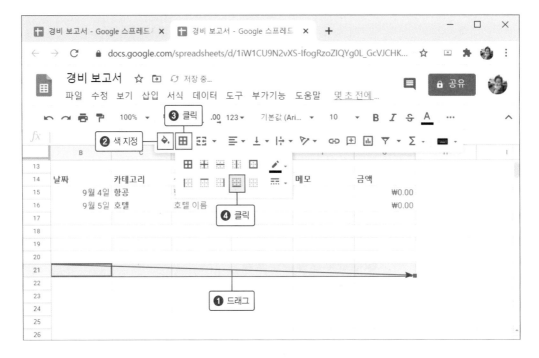

Section 06

금액 합산을 위한 **수식 작성하기**

　수식을 이용하여 자동으로 금액을 합산해 주는 경비 보고서를 작성해 보겠습니다. 엑셀과 마찬가지로 SUM 함수를 이용하면 간단하게 항목별 합산이 가능합니다.

01 │ 22행의 G열에 '=SUM(G14:G21)'의 수식을 입력합니다. G14~G21에 있는 모든 값을 더해 주는 수식입니다.

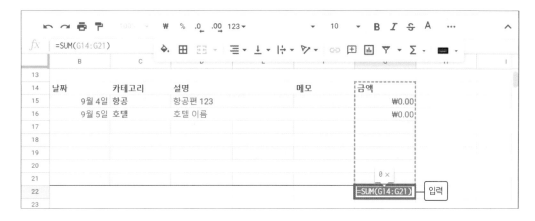

02 │ 숫자 단위의 변경을 위해 [서식 더보기] 버튼을 클릭하고 [통화]를 선택합니다. 숫자 단위가 통화 단위로 변경됩니다.

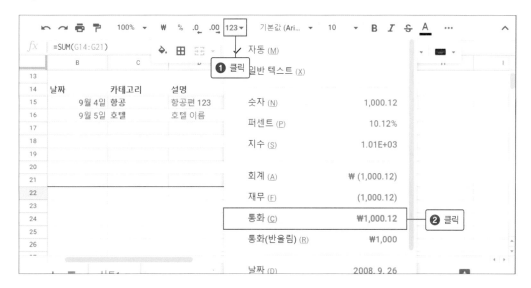

03 | 22행 G열의 텍스트를 선택한 다음 글꼴은 [Roboto], 크기는 [20], 텍스트 색상은 [진한 자홍색]으로 선택합니다.

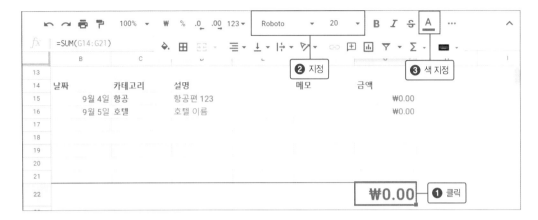

04 | 24행의 B, C, D열과 F, G열을 그림과 같이 셀 병합하고 '서명'과 '날짜'를 입력합니다. 25행의 B, C열과 F, G열을 드래그하여 블록으로 지정한 다음 [테두리(⊞)] 버튼을 클릭합니다. 테두리 설정 옵션 중에 [아래쪽 테두리]를 선택합니다. 셀 밑에 실선의 테두리가 생성됩니다.

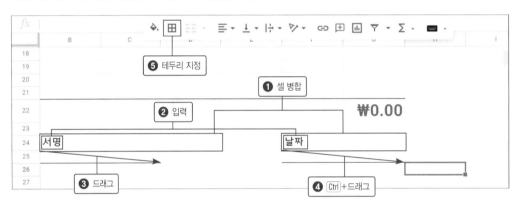

05 | [보기] 메뉴에서 [격자선]을 선택하여 선택을 해제합니다. 배경에 보이던 회색 격자선이 사라집니다. 경비 보고서가 완성되었습니다.

Section 07

차트를 위한 **시트 작성하기**

구글 스프레드시트에서 제공하는 다양한 차트를 사용해 데이터를 분석해 보겠습니다. 차트를 위한 서식을 작성한 다음 데이터에 어울리는 차트를 선택하는 방법을 알아보겠습니다.

01 | (Google 앱) 버튼을 클릭한 다음 (스프레드시트)를 클릭합니다.

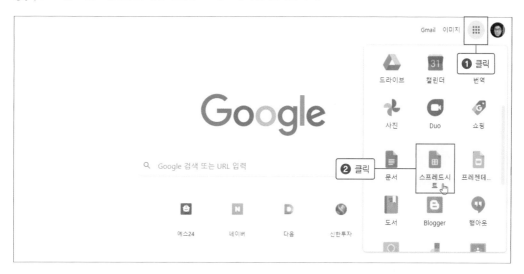

02 | 구글 스프레드시트 화면 상단의 프로젝트 이름에 '팀 명단'을 입력하여 변경합니다. 1행의 B, C, D, E열을 드래그하여 블록을 지정합니다. (더보기(⋯)) 버튼을 클릭한 다음 (셀 병합) 버튼을 클릭하여 병합합니다.

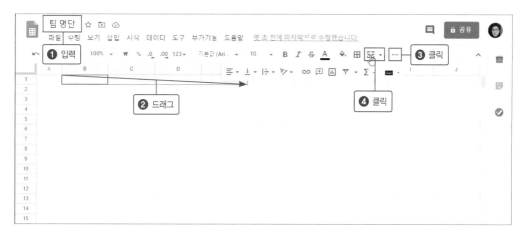

03 | 1행의 격자선을 아래로 드래그하고 G열의 격자선을 오른쪽으로 드래그하여 그림과 같이 셀의 간격을 조정합니다.

04 | '팀 매출'이라고 입력하고 블록으로 지정한 다음 글꼴을 (맑은 고딕), 크기를 (24)로 지정하고 텍스트 색상을 (진한 주황색)으로 선택합니다.

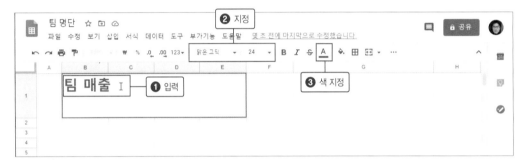

05 | 같은 방법으로 오른쪽 셀 영역에 연도를 입력한 다음 굵은 글꼴을 선택하여 지정합니다. 예제에서는 (Alfa Slab One)으로 지정하였습니다.

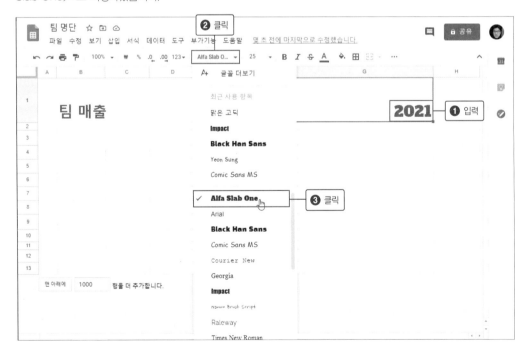

06 | 1행의 A열부터 13행의 H열까지 셀을 드래그하여 블록으로 지정한 다음 (보기) 메뉴에서 (격자선)을 선택합니다.

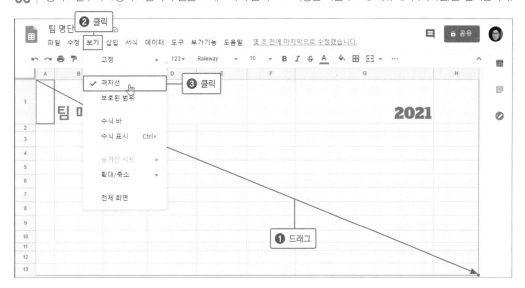

07 | 3행의 B열~G열까지 드래그하여 블록으로 지정한 다음 셀 색상을 채우기 위해 (채우기 색상) 버튼을 클릭한 다음 색상을 (진한 밝은 파란색)으로 선택합니다.

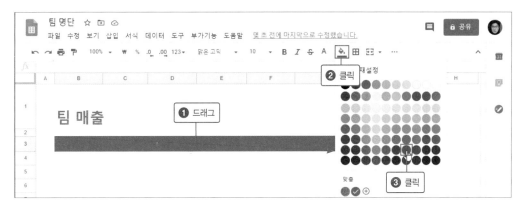

08 | 파란색 라인 다음 행은 수치 값이 입력될 영역으로 4행의 B열~G열까지 드래그하여 블록으로 지정한 다음 (채우기 색상) 버튼을 클릭하여 (연한 회색)으로 선택합니다.

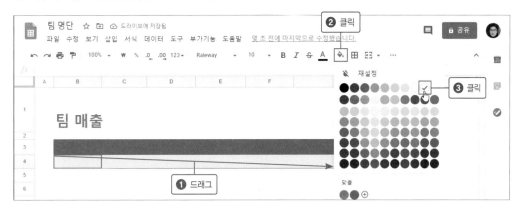

09 | 같은 방법으로 6행, 8행, 10행의 B열~G열까지 드래그하여 블록으로 지정하고 (연한 회색)의 색상을 채웁니다. 4줄의 연한 회색 셀 영역이 표시됩니다.

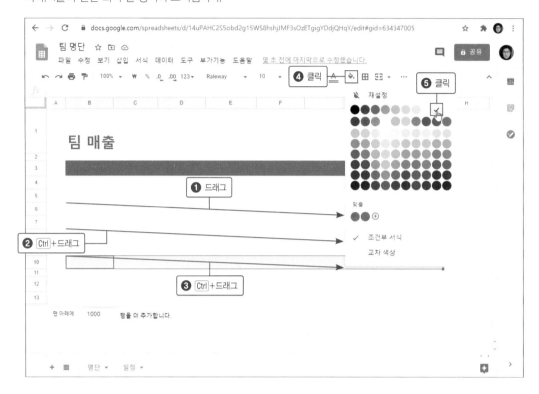

10 | 12행의 B열~G열까지 드래그하여 블록으로 지정한 다음 셀의 색상을 3행과 동일한 색상인 (진한 밝은 파란색)으로 선택합니다.

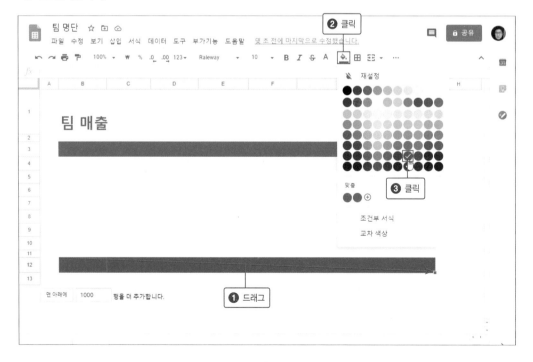

11 | 3행에 글꼴을 (맑은 고딕), 크기를 (10), 텍스트 색상을 (흰색)으로 선택한 다음 각각 '팀 이름', '1분기', '2분기', '3분기', '4분기'를 입력합니다.

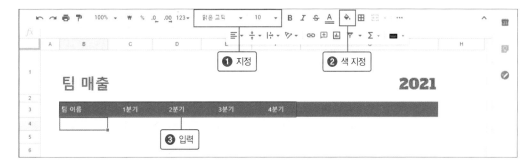

12 | B열에 팀 이름을 입력합니다. 이름을 순차적으로 입력하고 (더보기) 버튼을 클릭한 다음 (가운데)를 클릭하여 셀 가운데 문자가 위치하도록 정렬합니다.

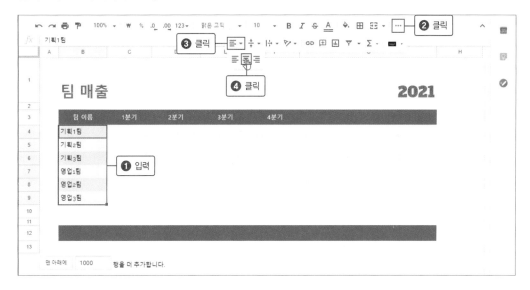

13 | 각 분기별로 매출 퍼센트를 그림과 같이 분기별 셀 위치에 맞게 수치 값으로 입력합니다.

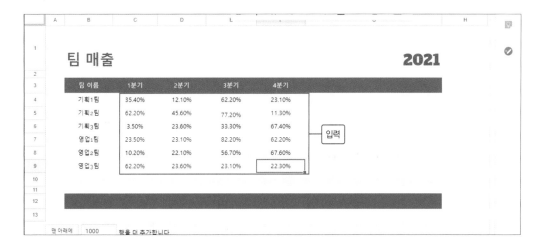

Section 08

차트 삽입하고 셀 위치에 맞게 **차트 편집하기**

입력된 서식 수치 값을 기준으로 차트를 만들 수 있습니다. 만들어진 차트는 차트 편집기를 이용하여 원하는 형태로 수정이 가능합니다.

01 | 입력된 서식을 기준으로 차트를 삽입하기 위해 (삽입) 메뉴에서 (차트)를 선택합니다.

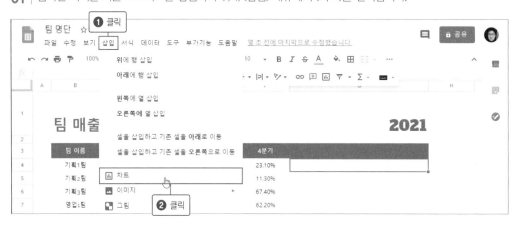

02 | 그림과 같이 입력한 수치 값에 맞게 차트가 자동 생성됩니다. 오른쪽 화면에 차트 편집기가 표시되며, 원하는 형태로 수정이 가능합니다.

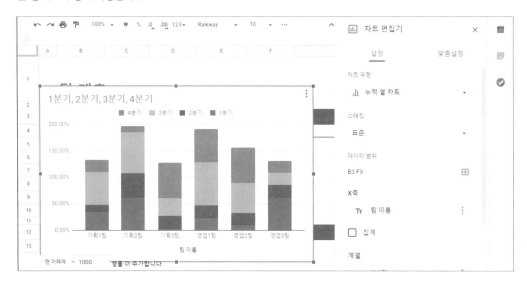

03 │ 차트 편집기에서 차트의 형태를 변경하기 위해 차트 유형 옵션에서 (3D 원형 차트)를 선택합니다. 그림과 같이 도넛 형태의 3D 원형 차트로 변경됩니다.

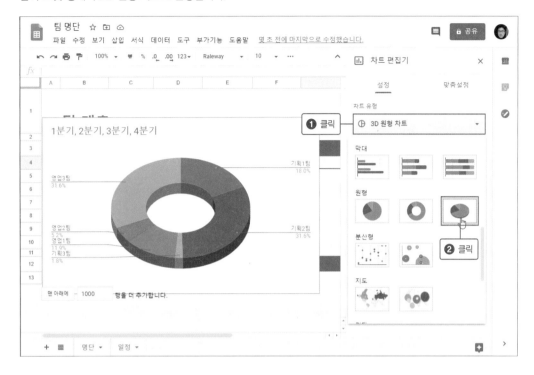

04 │ 삽입된 차트의 크기를 조정하기 위해 개체 틀 모서리 부분을 드래그하여 G열 크기에 맞게 조정하여 차트를 완성합니다.

G

이제는 **영상 회의 시간**, 구글 미트 사용하기

회사 팀원과의 회의 시간. 재택 근무로 인해 회사에 근무하는 직원과 대면 회의가 필요하고, 작업한 자료를 공유하고 의견과 수정 사항도 체크해야 합니다. 구글 미트를 이용하면 새로운 회의를 개설한 다음 참가자에게 메일이나 문자를 보내 손쉽게 영상 회의를 할 수 있습니다.

영상 회의뿐만 아니라 참가자와 채팅도 할 수 있으며, PC 화면을 공유하면서 자료를 보며 회의가 가능합니다.

Part 5

Section **01**

PC에 카메라를 달아주자! **웹캠 연결하기**

PC나 노트북에 웹캠을 달아서 실시간 화상 회의를 진행하거나 녹화를 진행할 수 있습니다. 웹캠을 PC에 연결하고 잘 연결되었는지 테스트하는 방법을 알아봅니다.

PC용 웹캠 세팅하기

01 | 웹캠 USB 포트에 케이블을 연결합니다.

02 | 웹캠을 컴퓨터의 모니터 위에 올려놓습니다. 컴퓨터에 웹캠을 고정해서 안정적으로 촬영할 수 있게 합니다.

웹캠을 PC에 연결하기

03 | 웹캠 케이블의 반대편은 컴퓨터 USB 포트에 연결할 수 있습니다. 컴퓨터 본체에 케이블을 연결합니다. 웹캠과 컴퓨터 연결이 완료되었습니다.

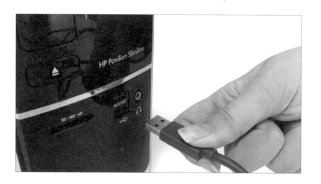

연결 테스트하기

PC 카메라 앱 실행

01 | 노트북 내장 웹캠 및 PC용 외부 웹캠 불문하고 웹캠은 USB를 꽂는다고 자동으로 실행되는 것이 아닙니다. 잘 연결되었는지 테스트가 필요합니다. PC의 [시작] 메뉴를 클릭합니다. 기본 메뉴의 검색창에 [카메라]를 검색합니다.

카메라 앱 실행

02 | 카메라 앱이 실행됩니다. '카메라의 정확한 위치 액세스를 허용할까요?'라는 대화상자가 표시되면 [예] 버튼을 클릭합니다.

웹캠 테스트

03 | 웹캠이 잘 연결되었다면 웹캠으로 실시간 촬영되는 화면이 표시됩니다. 표시되지 않는다면 웹캠 연결이 실패한 것이므로 다시 연결하거나 해당 웹캠 제조사에서 제공하는 웹캠 관련 드라이브를 다운로드하여 다시 연결합니다.

Section 02

구글 미트에서 **오디오와 비디오 설정하기**

구글 미트를 이용하여 화상 회의를 시작하기 위해서는 먼저 오디오와 비디오를 사용할 수 있는지 설정 확인을 해야 합니다. 자신의 PC에서 오디오 및 비디오 사용이 가능한지 확인해 봅니다.

01 | 구글 크롬을 실행한 다음 (Google 앱) 버튼을 클릭하고 (Meet)를 클릭합니다.

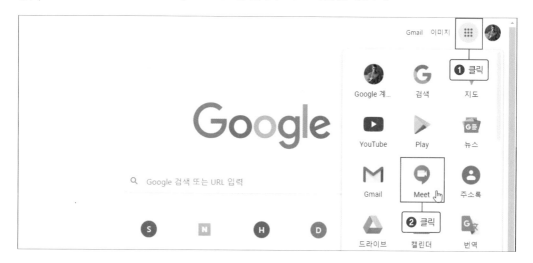

02 | Google Meet 사이트(meet.google.com)로 이동합니다. 비디오와 오디오 설정을 위해 (설정(⚙)) 버튼을 클릭합니다.

03 | 마이크 사용과 카메라 사용 권한을 요청하는 대화상자가 표시되면 (허용) 버튼을 클릭합니다.

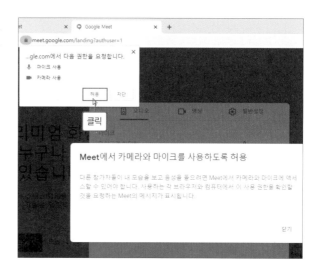

04 | (오디오) 탭을 클릭하면 마이크와 스피커 세팅 값이 표시됩니다. 기본 설정 값이 맞으면 (설정)을 클릭합니다.

05 | (영상) 탭을 클릭하면 카메라 설정이 표시되며, 미리보기 창에 영상 화면이 표시됩니다. (설정)을 클릭해 오디오와 영상 설정을 닫습니다.

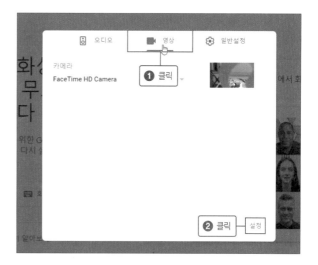

Section 03

구글 미트를 이용하여 **회의 시작하기**

구글 미트를 이용하여 회의를 시작해 보겠습니다. 회의가 시작되면 진행자의 영상이 메인 화면에 표시되며, 오른쪽 화면에 회의 세부 정보에도 진행자의 영상이 표시됩니다.

01 | 내 PC에서 오디오와 영상 사용 설정이 되었다면 구글 미트 사이트(meet.google.com)에서 [회의 시작] 버튼을 클릭합니다.

02 | 알림 표시 권한 요청 대화상자가 표시되면 [허용] 버튼을 클릭한 다음 [지금 참여하기] 버튼을 클릭합니다.

03 │ 다른 사용자 추가 대화상자가 표시되면 참여 정보를 복사하거나 사용자 추가를 할 수 있습니다. 여기서는 (닫기) 버튼을 클릭해 대화상자를 닫습니다.

04 │ 그림과 같이 메인 화면에 진행자의 비디오가 표시되고, 오른쪽 상단에 작은 썸네일 화면으로도 진행자의 비디오가 표시됩니다. (모두에게 표시) 버튼을 클릭합니다.

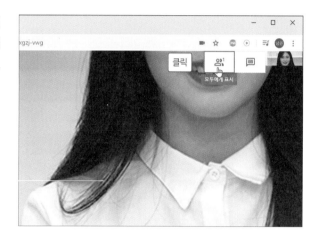

05 │ 오른쪽 화면에 회의 세부 정보가 표시됩니다. 마찬가지로 진행자의 영상이 썸네일 화면으로 표시됩니다.

Section 04

이메일로 **참가자 초대하기**

구글 주소록에 참가자를 등록시켰다면 구글 미트에서 바로 참여 메일을 보낼 수 있습니다. 사용자 추가 기능을 이용해 화상 회의 참여 메일을 보내는 방법을 알아봅니다.

01 │ 내 PC에서 오디오와 영상 사용 설정이 되었다면 구글 미트 사이트(meet. google.com)에서 (회의 시작) 버튼을 클릭합니다.

02 │ 회의가 준비되면 (지금 참여하기) 버튼을 클릭합니다.

03 │ 상단 메뉴에서 (모두에게 표시) 버튼을 클릭합니다.

04 | 참가자를 회의에 참여시키기 위해 (사용자)를 클릭한 다음 (사용자 추가)를 클릭합니다.

05 | 사용자 추가 대화상자가 표시되면 구글 주소록에 등록된 참가자 항목이 표시됩니다. 참여시키려는 참가자를 선택한 다음 (이메일 보내기) 버튼을 클릭합니다.

06 | 참가자의 메일을 확인해 보면 그림과 같이 메일이 전송된 것을 확인할 수 있습니다. 메일에서 (회의 참여) 버튼을 클릭하여 회의에 참여합니다.

Section 05

카카오톡으로 **회의 참여 문자 보내기**

구글 주소록에 참가자가 등록되어 있지 않다면 참가자에게 카카오톡으로 참여 문자를 보내 간단하게 화상 회의에 참여시킬 수 있습니다. 참여 정보 복사 기능으로 참가자를 화상 회의에 참여시켜 봅니다.

01 | 내 PC에서 오디오와 영상 사용 설정이 되었다면 구글 미트 사이트(meet.google.com)에서 (회의 시작) 버튼을 클릭합니다.

02 | 참가자에게 회의에 참여하도록 문자를 보내기 위해 다른 사용자 추가 대화상자에서 (참여 정보 복사)를 클릭합니다. 참여 정보가 클립보드에 복사됩니다.

03 | 카카오톡을 실행한 다음 회의에 참여시키려는 참가자에게 Ctrl+V를 눌러 초대 URL을 전송합니다. 단톡방을 만들어 한번에 초대 URL을 전달하는 것도 좋은 방법입니다.

04 | 참가자가 자신의 PC에서 초대 URL을 클릭하면 구글 사이트로 이동하며, 구글 플러그인 설치 화면이 표시되면 (플러그인 설치) 버튼을 클릭합니다. 구글에서 비디오를 사용할 수 있도록 (실행) 버튼을 클릭합니다.

05 | 플러그인이 설치되면 구글 미트에서 비디오 사용이 가능합니다. 화상 회의 준비가 실행됩니다.

Section 06

참가자가 **화상 회의 참여하기**

참가자가 화상 회의에 참가하려면 진행자가 참여를 수락해야 합니다. 진행자가 참가자의 참여 요청을 수락하여 화상 회의에 참여시켜 봅니다.

01 │ 참가자의 PC에서 미트(Meet) 사용을 위해 카메라와 마이크를 사용하도록 허용 대화상자가 표시됩니다. 〔허용〕 버튼을 클릭한 다음 〔닫기〕 버튼을 클릭합니다.

02 │ 참가자가 회의에 참여할 준비가 되었는지 묻는 화면이 표시되면 〔참여 요청〕 버튼을 클릭합니다.

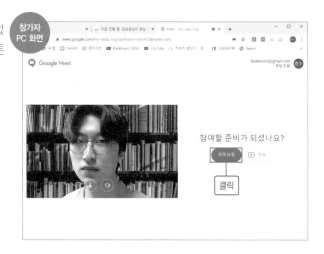

03 | 진행자가 참여 허락을 해야 참여할 수 있으므로, 참여 요청 대기 상태가 됩니다.

04 | 진행자의 PC에 '회의에 참여하고 싶어 하는 사용자가 있습니다.' 메시지와 참가자의 이름이 표시됩니다. 진행자가 [수락] 버튼을 클릭합니다.

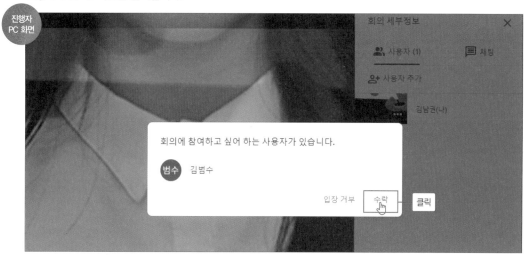

05 | 진행자 PC의 회의 세부 정보에 참가자가 표시되는 것을 확인할 수 있습니다.

Section 07

원하는 스타일대로 **구글 미트 레이아웃 변경하기**

구글 미트에서 회의에 참여하였다면 레이아웃을 변경시킬 수 있습니다. 기본 레이아웃은 왼쪽 화면에는 진행자의 화면이 표시되고, 오른쪽 화면에 참가자 항목이 표시되어 있습니다.

01 | 레이아웃을 변경하기 위해 (옵션 더보기) 버튼을 클릭한 다음 (레이아웃 변경)을 선택합니다.

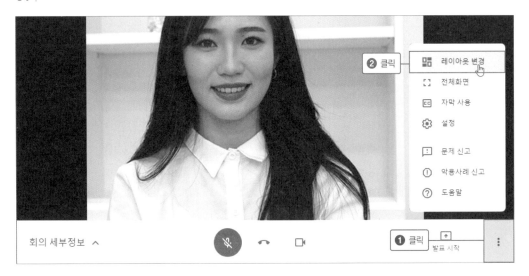

02 | 레이아웃 변경 대화상자가 표시되면 구글 미트에서 기본으로 제공하는 레이아웃이 표시됩니다. 예제에서는 (사이드바)를 클릭합니다.

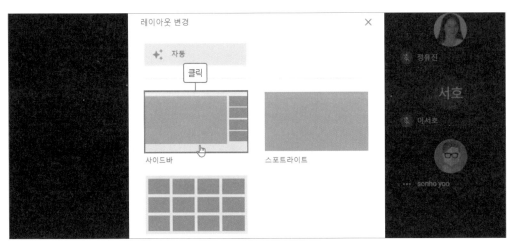

03 │ 화면과 같이 왼쪽 화면이 메인 화면으로 크게 표시되며, 나머지 참가자 화면은 오른쪽에 서브 화면으로 변경됩니다.

04 │ 이번에는 레이아웃 변경 대화상자에서 (타일식)을 클릭합니다.

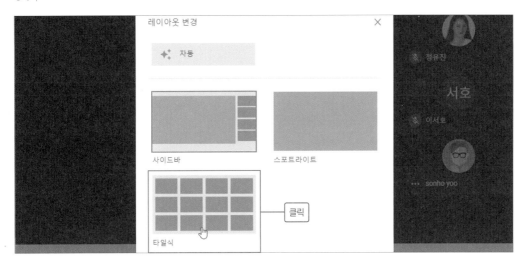

05 │ 화면과 같이 동일한 크기의 화면이 타일 형태로 변경되며, 각각의 화면에는 참가자의 영상이 표시됩니다.

Section 08

그리드 뷰로 **다양한 화면 레이아웃 표시하기**

구글 미트에서 제공하는 레이아웃 이외에 다양한 레이아웃을 원한다면 그리드 뷰(Grid View)를 설치하여 사용이 가능합니다.

01 | 크롬 브라우저의 검색창에 '구글미트 그리드뷰'를 입력한 다음 검색된 항목에서 'Google Meet Grid View' 항목을 클릭합니다.

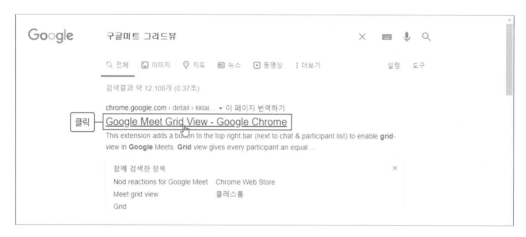

02 | 그리드 뷰 앱을 크롬 브라우저에 추가하기 위해 (Chrome에 추가) 버튼을 클릭합니다.

03 | 'Google Meet Grid View을(를) 추가하시겠습니까?'라는 메시지가 표시되면 [확장 프로그램 추가] 버튼을 클릭합니다.

04 | 확장 프로그램 버튼을 클릭한 다음 [Google Meet Grid View]를 선택합니다.

05 | Google Meet Grid View를 구글 페이지에 적용하기 위해 [Source code available on GitHub]를 클릭합니다.

06 | 이제 구글 미트를 실행시킨 다음 화면 상단 메뉴를 확인해 보면 [Google Meet Grid View] 버튼이 표시됩니다. 버튼을 클릭하여 원하는 화상 레이아웃을 선택하여 사용해 보세요.

Section 09
참가자와 **실시간 채팅하기**

화상 회의에 참여한 참가자와 화상 회의 이외에 문자로 채팅할 수도 있습니다. 여기서는 진행자가 참가자들에게 단체로 문자를 전달하는 방법을 알아봅니다.

01 | 구글 미트 화상 회의를 참여한 다음 진행자가 참가자에게 문자를 전송하기 위해 진행자의 PC에서 (채팅)을 클릭합니다.

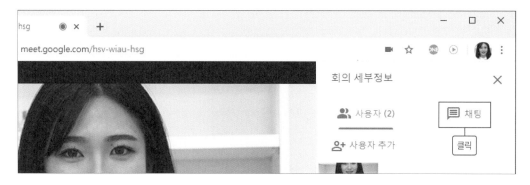

02 | 화면 오른쪽 하단의 문자 입력창에 전송할 문자를 입력한 다음 (보내기) 버튼을 클릭합니다.

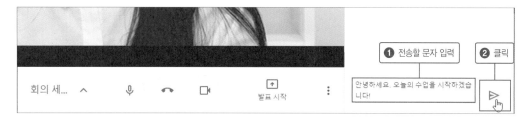

03 | 채팅 창에 입력한 문자가 표시됩니다. 표시된 문자는 참가한 참가자들에게 전송됩니다.

Section 10

자동으로 음성을 인식하는 **영어 자막 사용하기**

화상 회의를 하면서 영문 자막이 필요할 때 타이핑을 하지 않아도 음성을 인식하여 자동으로 영
문 자막을 표시할 수 있습니다. 영어 자막 사용 방법에 대해 알아보겠습니다.

01 | 화상 회의 화면에 영어 자막을 표시하기 위해 [옵션 더보기] 버튼을 클릭합니다.

02 | PC에 마이크가 내장되어 있거나 마이크 기능이 있는 웹캠이 설치되어 있다면, 팝업 메뉴에서 [자막 사용]을
선택합니다.

03 | 영어로 'Hello, let's start the class'라고 말을 해 보면 화면 하단에 영문으로 자막이 표시되는 것을 확인할 수 있습니다.

04 | 같은 방법으로 영어로 말을 해 보면 정확하게 화면 하단에 영문 자막이 표시되는 것을 확인할 수 있습니다.

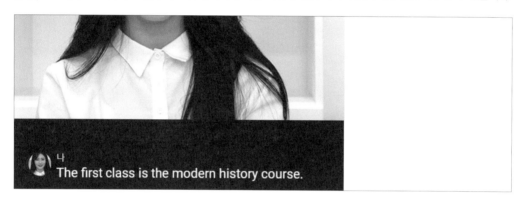

05 | 영문 자막 기능을 끄려면 (옵션 더보기) 버튼을 클릭한 다음 (자막 사용 중지)를 선택하면 자막 기능이 꺼지는 것을 확인할 수 있습니다.

Section 11

PC 전체 화면을 **공유하여 발표하기**

진행자가 자신의 PC 전체 화면을 참가자에게 공유하여 회의할 수 있습니다. 발표 옵션에서 내 전체 화면 기능으로 전체 화면을 공유하는 방법에 대해 알아봅니다.

01 │ 내 PC의 전체 화면을 공유하기 위해 (발표 시작) 버튼을 클릭한 다음 (내 전체 화면)을 선택합니다.

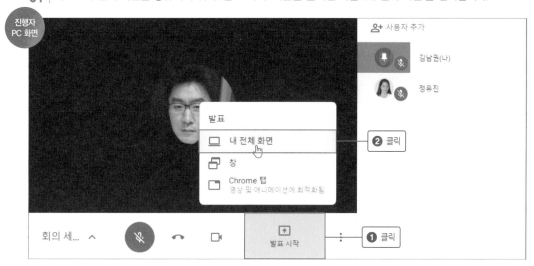

02 │ 전체 화면 공유 대화상자가 표시되면 모니터에 실행된 전체 PC 화면을 선택합니다. 듀얼 모니터일 경우에는 두 개의 화면으로 표시됩니다. 원하는 모니터 화면을 선택한 다음 (공유) 버튼을 클릭합니다.

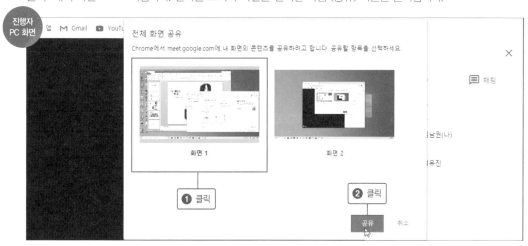

03 | 진행자의 구글 미트 화면에는 '모든 참여자에게 발표하고 있습니다.'라는 메시지가 표시됩니다.

04 | 회의 세부 정보에서 진행자 썸네일 화면을 클릭하면 화면상에 전체 PC 화면이 표시되는 것을 확인할 수 있습니다.

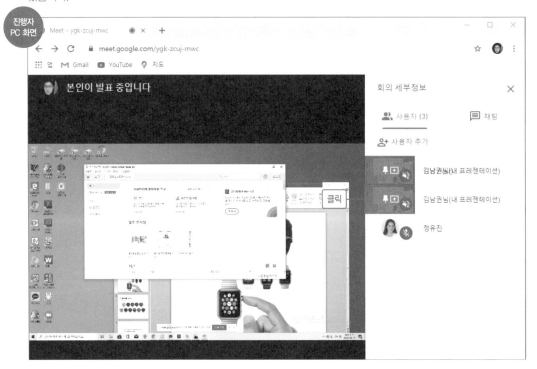

05 | 진행자는 자신의 PC 화면에서 파일이나 프로그램을 실행시켜 회의를 하면 구글 미트 화면에서 해당 영상이 공유되어 표시됩니다.

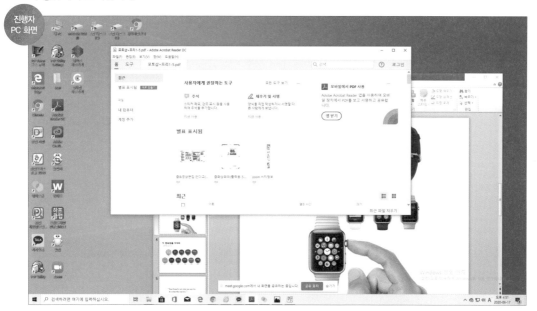

06 | 참가자 구글 미트 화면에는 그림과 같이 진행자의 전체 PC가 공유되어 표시됩니다.

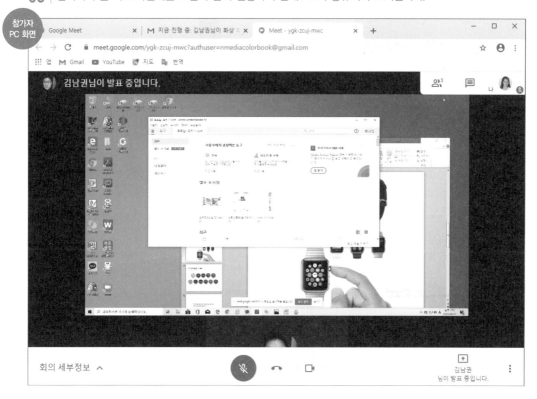

Section **12**

선별적으로 프로그램 **화면 공유하여 발표하기**

진행자가 자신의 PC에 실행된 프로그램 화면을 공유하여 회의할 수 있습니다. 발표 옵션에서 창 기능으로 프로그램 화면을 선별하여 공유하는 방법에 대해 알아봅니다.

01 | 내 PC의 전체 화면을 공유하기 위해 (발표 시작) 버튼을 클릭한 다음 (창)을 선택합니다.

02 | 애플리케이션 창 공유 대화상자가 표시되며, 진행자의 PC에서 현재 실행되고 있는 프로그램 화면이 표시됩니다. 여기서는 실행되어 있는 파워포인트 화면을 선택하고 (공유) 버튼을 클릭합니다.

03 │ 진행자의 구글 미트 화면에는 '모든 참여자에게 발표하고 있습니다.'라는 메시지가 표시됩니다.

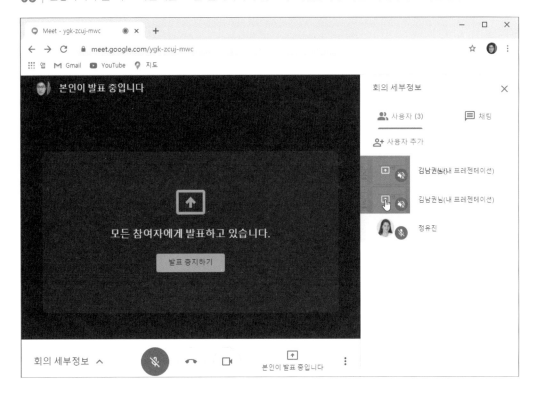

04 │ 회의 세부 정보에서 진행자 썸네일 화면을 클릭하면 화면상에 파워포인트 프로그램 화면이 표시되는 것을 확인할 수 있습니다.

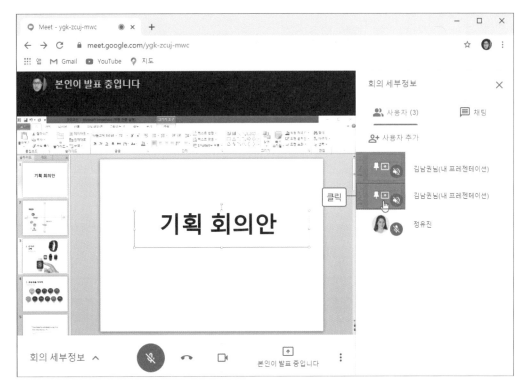

05 | 진행자는 진행자 PC의 파워포인트 자료를 실행시키면서 회의를 진행합니다.

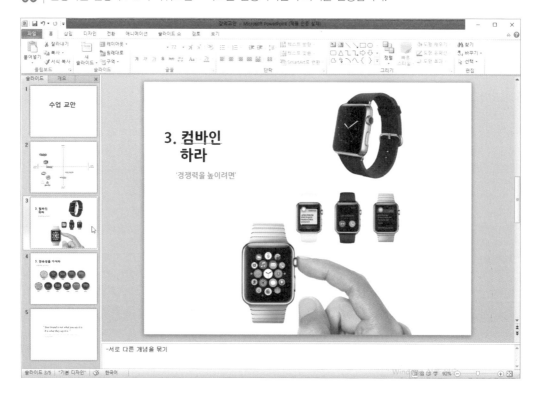

06 | 화면 공유 회의 중에 발표를 중지하려면 (본인이 발표 중입니다)를 클릭한 다음 (발표 중지하기)를 클릭합니다.

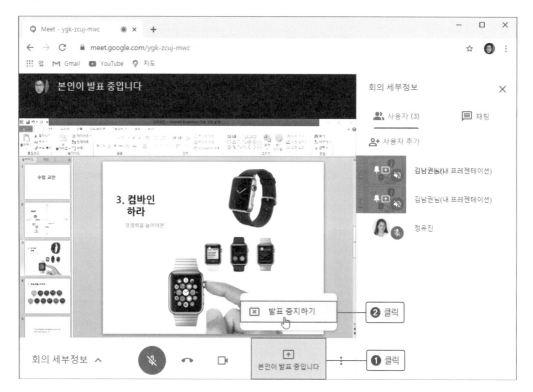

스마트폰과 카메라와 다르게 웹캠은 주로 실시간 화상 회의에서 두각을 보입니다. PC에 설치하여 내 모습을 촬영하여 실시간으로 소통하고 의견을 전달할 수 있습니다. 여기서는 웹캠 사용 시 알아야 하는 개념들에 대해 알아봅니다.

적절한 눈높이에 웹캠을 고정하자

웹캠은 주로 PC 모니터 위나 노트북 모니터 위에 고정하여 사용합니다. 웹캠으로 전신을 보여 주는 경우는 거의 없으므로 상반신을 균형 있게 보여 주면 됩니다. 상반신을 가장 이상적으로 보여 주기 위해서는 웹캠이 촬영자의 눈높이에 맞거나 눈높이보다 살짝 위에 있으면 됩니다.

웹캠을 PC에 고정하고 필요하다면 컴퓨터 의자의 높이 또는 앉은 환경을 조절하여 보기 좋은 구도로 모습을 잘 보이게 합니다.

화상 회의에 참여하기 전 반드시 웹캠을 테스트하자

화상 회의 도중 흐름이 깨지면 회의가 원활하게 진행되지 않는 경우가 많습니다. 웹캠이 그 원인 중 하나가 될 수 있습니다.

급하게 웹캠을 연결하고 화상 회의에 참여하게 되면 웹캠이 실행되지 않거나 연결이 되지 않아 곤란한 경우가 발생합니다. 따라서 회의 시작 전에 반드시 (시작 프로그램) → (카메라) 앱을 통해 웹캠의 연결 상태를 체크하도록 합니다.

▲ 시작 프로그램 → 카메라 앱에서 웹캠의 연결 상태를 테스트할 수 있습니다.

구글의 베이스캠프,
구글 드라이브

구글 드라이브는 클라우드 서비스로, 구글에서 무료로 제공하는 인터넷 저장 공간입니다. 기본적으로 15GB 저장 공간을 제공하며, 문서나 이미지, 동영상 등 수업 자료를 저장하여 여러 사용자가 공유를 하거나 메일로 파일을 첨부하여 전송도 가능합니다. 파일, 폴더 업로드부터 자료 백업과 동기화까지 유용한 기능을 소개합니다.

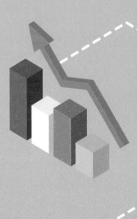

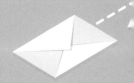

Part 6

Section **01**

구글 드라이브 미리보기

구글 드라이브에 문서나 이미지, 동영상 파일 등 자료를 저장하고, 여러 사용자와 파일을 공유할 수 있는 클라우드 서비스입니다. 파일을 정리하기 위한 폴더 구조와 문서 공유를 위한 구성을 알아보겠습니다.

➊ 새로 만들기 : 새 폴더를 만들거나 내 컴퓨터에 있는 파일, 폴더를 업로드할 때 사용합니다.

➋ 내 드라이브 : 내가 업로드한 파일이나 폴더, 저장된 데이터를 표시합니다.

➌ 컴퓨터 : 컴퓨터에 파일을 백업하거나 동기화합니다.

➍ 공유 문서함 : 다른 사용자와 공유한 문서들이 표시됩니다.

➎ 중요 문서함 : 별표로 중요 표시한 문서를 표시합니다.

➏ 휴지통 : 삭제한 문서를 보관합니다. 다시 복원하거나 영구 삭제가 가능합니다.

➐ 저장용량 : 현재 사용 중인 구글 드라이브의 용량을 표시합니다.

➑ 빠른 액세스 : 가장 최근 저장하거나 연 파일을 상단에 미리보기 형식으로 표시합니다.

❾ 데이터 목록 : 구글 드라이브에 저장된 데이터를 이름과 소유자, 날짜를 기준으로 표시합니다.

❿ 폴더 구조 : 현재 데이터가 저장되어 있는 위치를 계층 폴더 구조로 표시합니다.

⓫ 드라이브에서 검색 : 구글 드라이브에서 저장한 데이터 명을 입력하여 검색합니다.

⓬ 내 드라이브 : 내가 업로드한 파일이나 폴더, 저장된 데이터를 표시합니다.

⓭ 바둑판 보기/목록 보기 : 저장된 데이터 항목을 바둑판이나 목록 형식으로 표시합니다.

Section 02

업무용과 개인용 **새 폴더 만들기**

구글 드라이브에서 체계적으로 파일을 관리하려면 분류별로 폴더를 만든 다음 파일을 저장해야 합니다. 구글 드라이브에서 폴더 만드는 방법에 대해 알아보겠습니다.

01 │ 구글 크롬을 실행한 다음 화면 상단의 (Google 앱) 버튼을 클릭하고 (드라이브)를 클릭합니다.

02 │ 내 드라이브 화면이 표시됩니다. 현재 상태는 파일이나 폴더가 전혀 저장되어 있지 않은 상태입니다. (새로 만들기) 버튼을 클릭합니다.

03 | 구글 드라이브에 폴더를 만들기 위해 팝업 메뉴에서 (폴더)를 선택합니다.

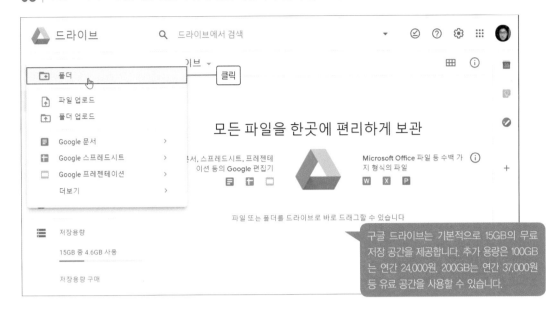

04 | 새 폴더 대화상자가 표시되며, 폴더 이름을 입력합니다. 예제에서는 '회사용 업무 폴더'라고 입력한 다음 (만들기) 버튼을 클릭합니다.

05 | 내 드라이브에 폴더가 만들어진 것을 확인할 수 있습니다. 마우스 오른쪽 버튼을 클릭한 다음 팝업 메뉴에서 (새 폴더)를 선택합니다.

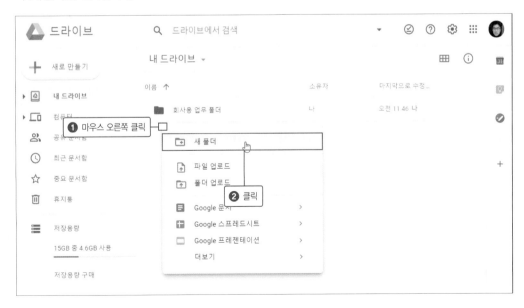

06 │ 새 폴더 대화상자에서 '개인용 사진 폴더'라고 입력한 다음 (만들기) 버튼을 클릭합니다.

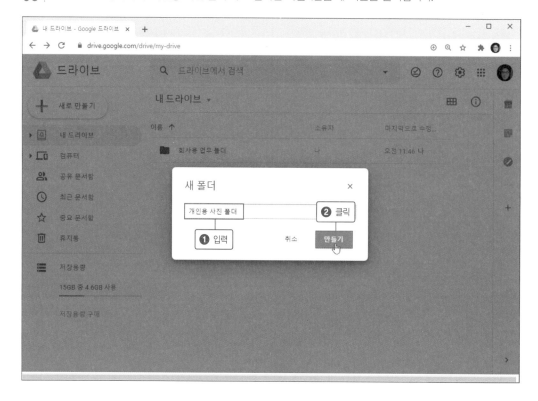

07 │ 마찬가지로 폴더가 만들어진 것을 확인할 수 있습니다.

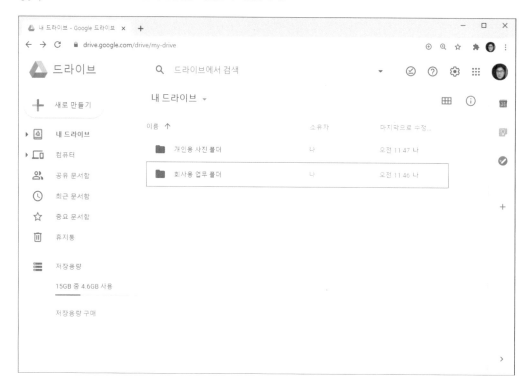

Section 03

내 컴퓨터의 **폴더를 한번에 업로드하기**

내 컴퓨터에 파일이 저장되어 있는 폴더를 구글 드라이브에 업로드해 보겠습니다. 파일을 압축하지 않고, 폴더째 업로드하면 구글 드라이브에서 파일을 검색하거나 정보를 확인하기 쉽습니다.

01 | 파일이 저장되어 있는 폴더를 구글 드라이브로 한번에 업로드하기 위해 [새로 만들기] 버튼을 클릭한 다음 [폴더 업로드]를 선택합니다.

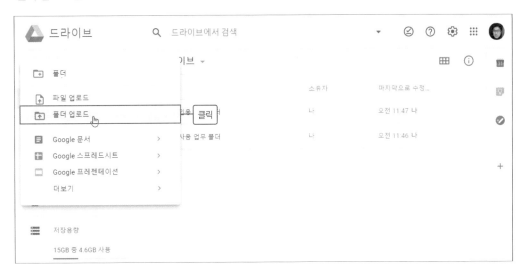

02 | 업로드할 폴더 선택 대화상자가 표시되면 업로드하려는 폴더를 선택하고 [업로드] 버튼을 클릭합니다. 폴더 안에 파일을 업로드할 것인지 묻는 대화상자가 표시되면 [업로드] 버튼을 클릭합니다.

03 | 그림과 같이 내 컴퓨터에 저장되어 있는 '프레젠테이션 폴더'가 구글 드라이브에 저장된 것을 확인할 수 있습니다.

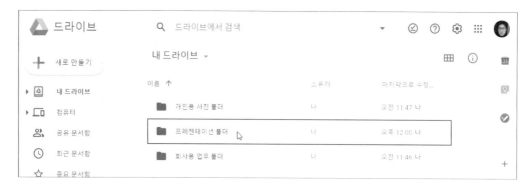

04 | 저장한 폴더를 회사용 업무 폴더로 드래그하면 바로 이동되는 것을 확인할 수 있습니다.

05 | 이동된 폴더를 확인해 보면 내 드라이브 〉 회사용 업무 폴더 〉 프레젠테이션 폴더 안에 파일이 저장된 것을 확인할 수 있습니다.

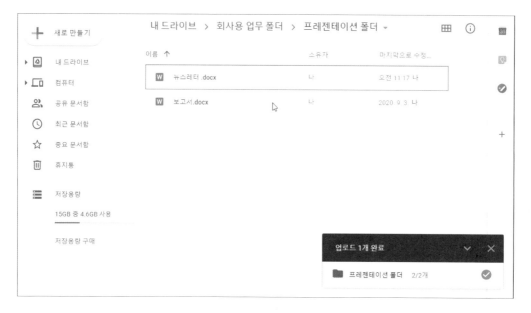

Section 04

여러 개의 파일 업로드하기

파일을 선택하여 구글 드라이브의 폴더 안에 업로드해 보겠습니다. 예제에서는 사진 이미지를 업로드한 다음 바둑판 형태로 이미지를 검색하고, 슬라이드 방식으로 사진을 감상해 보겠습니다.

01 │ 파일을 선별해서 업로드하기 위해 파일을 저장할 폴더를 선택합니다. 예제에서는 [개인용 사진 폴더]를 선택합니다.

02 │ '화면에 파일을 여기 끌어다 놓거나 새로 만들기 버튼을 사용하세요'라는 원형 메시지 영역이 표시됩니다. 내 컴퓨터에 저장된 사진들을 선택한 다음 원형 업로드 영역으로 드래그합니다.

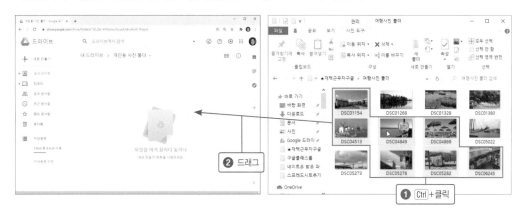

03 │ 그림과 같이 원형 업로드 영역에 파일이 복사되면서 업로드되는 것을 확인할 수 있습니다.

04 │ 업로드 완료 표시가 표시되면, 개인용 사진 폴더 안에 방금 업로드한 사진 파일이 저장되어 있습니다. 사진을 확인하기 위해 (바둑판 보기)를 클릭합니다.

05 │ 사진 파일이 바둑판 형태로 표시됩니다. 파일을 더블클릭하면 슬라이드 형식으로 사진을 확인할 수 있습니다.

Section 05

세부 정보 확인 후 **데이터 삭제하기**

파일을 삭제하기 전에 파일 정보를 확인한 다음 파일을 삭제합니다. 삭제한 파일은 휴지통에 저장되며, 영구 삭제하거나 복원이 가능합니다.

01 | 파일을 삭제하기 전에 파일 정보를 확인하기 위해 삭제하려는 파일을 선택한 다음 마우스 오른쪽 버튼을 클릭해 [세부 정보 보기]를 선택합니다.

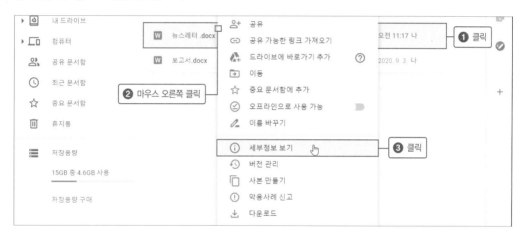

02 | 오른쪽 화면에 파일 유형 및 크기 등 세부 정보가 표시되며, 미리 보기 형식으로 문서를 미리 보여 줍니다.

03 | 파일을 삭제하기 위해 삭제하려는 파일을 선택한 다음 마우스 오른쪽 버튼을 클릭해 〔삭제〕를 선택합니다.

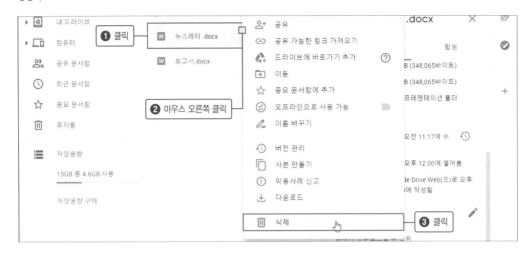

04 | 삭제한 파일이 폴더상에서 삭제된 것을 확인할 수 있습니다. 삭제된 파일을 확인하기 위해 〔휴지통〕을 선택합니다.

05 | 삭제한 파일이 휴지통 안에 저장되어 있습니다. 삭제한 파일을 선택한 다음 마우스 오른쪽 버튼을 클릭해 〔복원〕할 것인지, 〔영구 삭제〕할 것인지 선택하여 파일을 관리합니다.

Section 06

원하는 사용자에게 **문서 공유하기**

구글 드라이브에 저장된 문서는 사용자와 공유가 가능합니다. 구글 주소록에 사용자가 등록되어 있다면 손쉽게 사용자를 선택하여 공유할 문서를 메시지와 함께 전송이 가능합니다.

01 │ 구글 드라이브에 저장된 문서를 공유하기 위해 공유하려는 문서를 선택한 다음 마우스 오른쪽 버튼을 클릭해 메뉴에서 (공유)를 선택합니다.

02 │ 사용자 및 그룹과 공유 대화상자가 표시됩니다. 사용자 및 그룹 추가 입력창을 클릭합니다.

03 | 공유하려는 사용자의 이메일을 입력합니다. 만약 구글 주소록에 사용자가 저장되어 있다면 주소록 항목에서 공유하려는 사용자를 선택합니다.

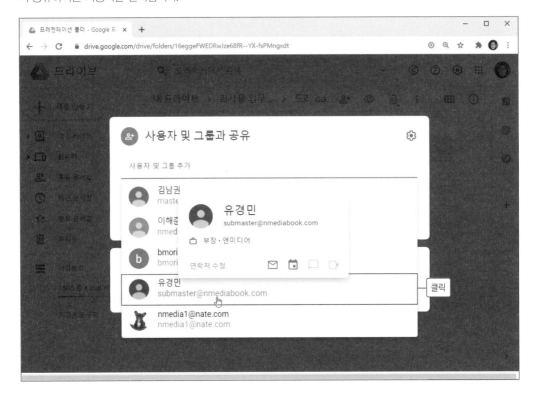

04 | 문서를 공유하려는 사용자를 선택하였다면 메시지 입력창에 메시지를 입력한 다음 (보내기) 버튼을 클릭합니다.

Section 07

링크로 복사하여 파일 공유하기

구글 드라이브에서 문서를 공유하기 위해 링크 가져오기 기능으로 링크를 복사할 수 있습니다. 복사된 링크는 메일이나 카카오톡, 문자로 보내 수신자와 파일을 공유할 수 있습니다.

01 | 링크를 이용하여 보고서 파일을 공유하기 위해 공유하려는 보고서를 선택한 다음 마우스 오른쪽 버튼을 클릭해 메뉴에서 (공유 가능한 링크 가져오기)를 선택합니다.

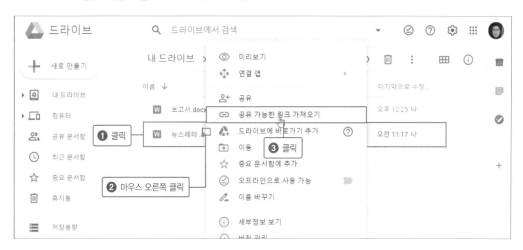

02 | 사용자 및 그룹과 공유 대화상자가 표시됩니다. 링크 보기에 링크 주소가 표시되며, 링크를 복사하기 위해 (링크 복사) 버튼을 클릭합니다. (완료) 버튼을 클릭합니다.

03 | 복사된 링크를 메일에 붙여 넣거나 카카오톡 등으로 문자로 보내면 링크를 받는 사용자가 해당 링크를 클릭하여 공유된 보고서를 확인할 수 있습니다.

04 | 공유된 문서를 워드 문서나 구글 문서, 한컴 오피스 문서로 열기 위해서는 상단의 (열기 팝업) 버튼을 클릭해 원하는 프로그램을 선택합니다.

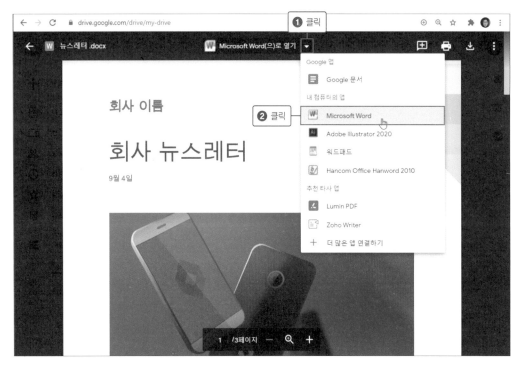

05 │ '백업 및 동기화에서 Microsoft Word를 사용하여 파일을 열도록 허용합니다.'라는 메시지가 표시되면
〔열기〕 버튼을 클릭합니다.

06 │ Microsoft Word 프로그램이 실행되면서 공유된 구글 문서가 워드 파일로 열리는 것을 확인할 수 있습니다.

구글 문서에서 작성한 문서를 마이크로소프트사의 워드 프로그램에서 열면 기본 폰트로 변경될 수 있습니다. 원하는 폰트로 재설정하여 문서를 저장해 보세요.

Section **08**

자료 **백업과 동기화하기**

구글 드라이브에서는 내 PC와 구글 드라이브를 동기화하여 손쉽게 자료를 이중으로 백업하는 기능을 제공합니다.

01 | 구글 드라이브에 저장되어 있는 데이터를 동기화하기 위해 (설정) 버튼을 클릭한 다음 (데스크톱용 드라이브 다운로드)를 선택합니다.

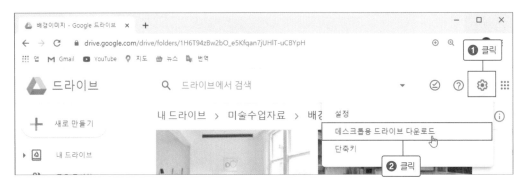

02 | 화면에 개인용과 비즈니스용 백업 및 동기화 화면이 표시됩니다. 여기서는 개인용 백업 및 동기화에서 (다운로드) 버튼을 클릭합니다.

03 | Windows용 백업 및 동기화 다운로드 대화상자에서 구글 드라이브 서비스 약관을 확인하고 (동의 및 다운로드) 버튼을 클릭합니다.

04 | '백업 및 동기화를 다운로드해 주셔서 감사합니다.'라는 문구와 함께 백업 및 동기화 설치 앱이 다운로드됩니다.

05 | 다운로드된 백업 및 동기화 앱을 실행하여 설치합니다.

06 | 설치가 완료되면 백업 및 동기화 앱을 시작하기 위해 (시작하기) 버튼을 클릭합니다.

07 | 구글 계정 화면이 표시되면 구글 계정을 입력한 다음 (다음) 버튼을 클릭합니다.

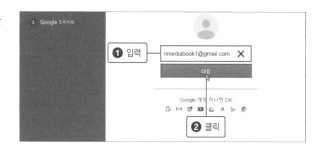

08 | 구글 계정 비밀번호를 입력한 다음 (다음) 버튼을 클릭합니다.

09 | 구글 드라이브에서 백업할 폴더를 PC에서 선택하기 위해 (확인) 버튼을 클릭합니다.

10 | 내 컴퓨터 항목에서 백업할 폴더와 옵션을 선택합니다. (폴더 선택)을 클릭하여 구글 드라이브에서 동기화할 폴더를 선택하고 (다음) 버튼을 클릭합니다.

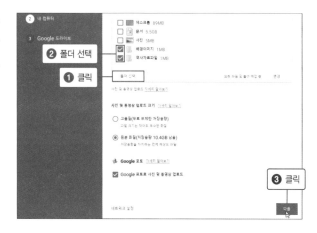

11 | 동기화 설정을 진행하기 위해 (확인) 버튼을 클릭합니다.

12 | '이 컴퓨터에 내 드라이브 동기화'를 체크한 다음 내 PC에 저장될 폴더를 지정합니다. 예제에서는 (내 드라이브의 모든 항목 동기화)를 선택하고 (시작) 버튼을 클릭합니다.

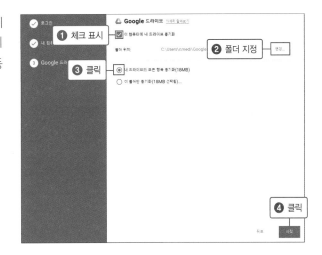

13 | 그림과 같이 내 PC의 (Google 드라이브) 폴더에 구글 드라이브에 저장되었던 자료 파일들이 자동으로 백업된 것을 확인할 수 있습니다.

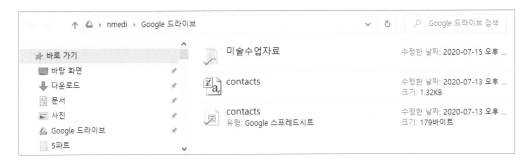

알아두기 | **동기화 표시(☑)**

파일 버튼에 초록색의 체크 표시(☑)는 내 PC와 구글 드라이브에서 동기화가 완료되었다는 표시입니다.

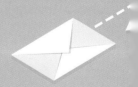

구글 주소록 · G메일 · 캘린더

업무 관리를 위한
주소록부터 캘린더까지

직장인의 업무는 일정에서 시작해서 일정으로 끝난다는 말처럼,
업무에서의 일정 관리는 직원 평가에 대한 기준이 되기도 합니다.
구글 캘린더를 이용하면 각종 회의나 미팅, 업무 일정을 설정할
수 있으며, 일정을 팀원이나 관리자에게 전달하거나 공유할 수 있
습니다. 이외에도 업무 관리를 위한 주소록과 G메일까지 효율적
인 사용법을 소개합니다.

Part 7

Section 01

구글 주소록 미리보기

구글 주소록은 단순히 사용자의 연락처를 저장하는 것이 아닌 사용자를 효율적으로 그룹화하여 분류하고, 파일로 저장하여 공유하는 것도 가능합니다. 뿐만 아니라 구글 앱을 이용하여 작업한 파일들을 전송하거나 공유할 때도 유용하게 사용할 수 있습니다.

❶ **메뉴** : 주소록 메뉴를 표시하거나 감춥니다.

❷ **연락처 만들기** : 연락처에 새로운 사용자를 추가합니다.

❸ **자주 연락하는 사람** : 자주 연락하는 사용자를 표시합니다.

❹ **병합 및 수정** : 서로 겹치는 연락처를 하나의 연락처로 병합하거나 수정합니다.

❺ **라벨** : 그룹별로 연락처를 분류합니다.

❻ **가져오기** : 파일로 저장된 연락처를 불러옵니다.

❼ **내보내기** : 연락처 정보를 파일로 저장합니다.

❽ **인쇄** : 연락처 정보를 출력합니다.

❾ **검색** : 연락처에 등록된 사용자를 검색할 수 있습니다.

❿ **Google 앱** : 구글에서 제공하는 다양한 앱을 선택합니다.

⑪ **연락처 선택 체크박스** : 연락처에 등록된 사용자를 선택할 때 사용하며, 체크박스를 클릭하면 화면 상단에 메뉴 버튼이 표시됩니다.

⑫ **선택 작업** : 모든 연락처의 사용자를 선택하거나 해제할 때 사용합니다.

⑬ **라벨 관리** : 사용자들을 선별하여 그룹화할 때 사용합니다.

⑭ **이메일 보내기** : 연락처에 저장된 사용자들을 선택하여 메일을 보냅니다.

⑮ **도구 보기** : 연락처를 인쇄하거나 피일로 내보내거나 연락처를 삭제할 때 사용합니다.

Section 02

구글 주소록에 **사용자 등록하기**

구글 주소록에 사용자를 등록해 보겠습니다. 등록하려는 사용자의 이름과 소속, 메일 주소와 연락처를 입력하여 연락처 등록을 합니다.

01 | 구글 주소록을 실행하기 위해 (Google 앱) 버튼을 클릭한 다음 (주소록)을 클릭합니다.

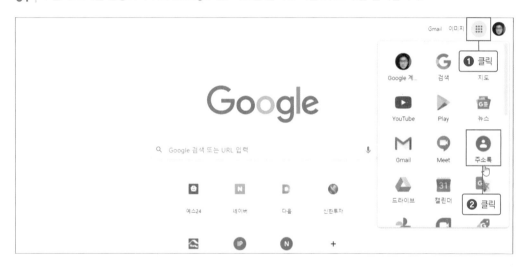

02 | 주소록 화면이 표시되면 주소록에 사용자를 추가하기 위해 (연락처 만들기) 버튼을 클릭합니다.

03 | 팝업 메뉴에서 (연락처 만들기)를 선택합니다.

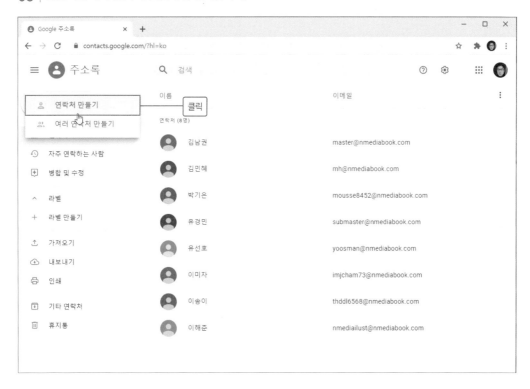

04 | 새 연락처 만들기 대화상자가 표시되면 연락처를 추가하려는 사용자의 이름과 소속, 이메일과 연락처를 입력한 다음 (저장) 버튼을 클릭합니다.

05 | 입력한 사용자의 정보를 확인하는 대화상자가 표시되면 입력된 정보를 확인한 다음 (닫기) 버튼을 클릭합니다.

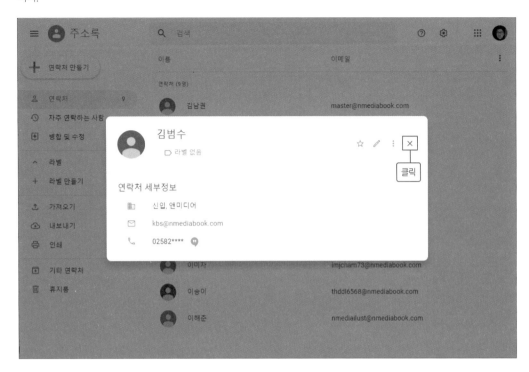

06 | 주소록 리스트에 방금 입력한 사용자가 추가되었습니다. 리스트에 마우스 커서를 위치시키면 연락처를 수정하거나 삭제할 수 있는 메뉴가 표시됩니다.

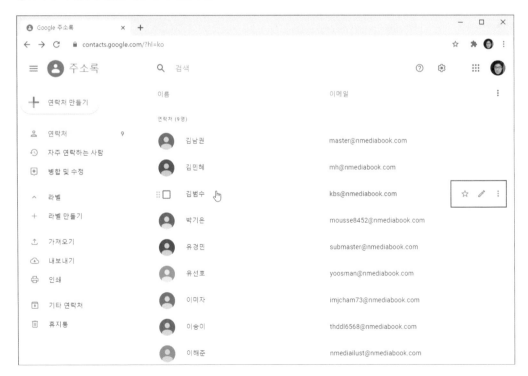

Section 03

그룹을 분류하기 위한 **라벨 만들기**

연락처에 등록된 사용자가 많아지면 그룹별로 분류하여 저장하는 것이 좋습니다. 해당 그룹만 선별하여 메일을 보내거나 연락처 공유가 가능하기 때문입니다. 여기서는 라벨 기능을 이용하여 그룹별로 분류해 보겠습니다.

01 | 연락처에 저장된 사용자의 그룹을 분류하기 위해 [라벨 만들기]를 선택합니다.

02 | 라벨 만들기 대화상자가 표시되면 그룹명을 입력한 다음 [저장] 버튼을 클릭합니다. 예제에서는 '기획팀'으로 입력하였습니다.

03 | 해당 팀으로 묶기 위해 연락처 리스트에서 같은 그룹 사용자의 체크박스를 체크한 다음 (라벨 관리) 버튼을 클릭합니다.

04 | (라벨 관리) 버튼을 클릭해 보면 방금 만든 '기획팀' 이름이 메뉴에 표시됩니다.

05 | 팝업 메뉴에서 생성된 (기획팀)을 클릭한 다음 (적용)을 클릭합니다.

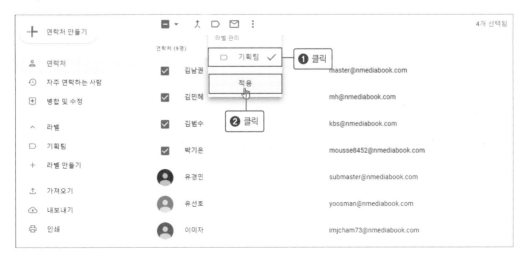

06 | 같은 방법으로 [라벨 만들기]를 클릭하고 그룹명을 '편집팀'으로 입력한 다음 [저장] 버튼을 클릭합니다.

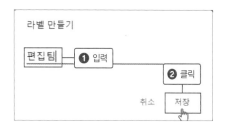

07 | 연락처 리스트에서 '편집팀' 사용자의 체크박스를 체크하고 [라벨 관리] 버튼을 클릭한 다음 팝업 메뉴에서 [편집팀]을 선택하고 [적용]을 클릭합니다.

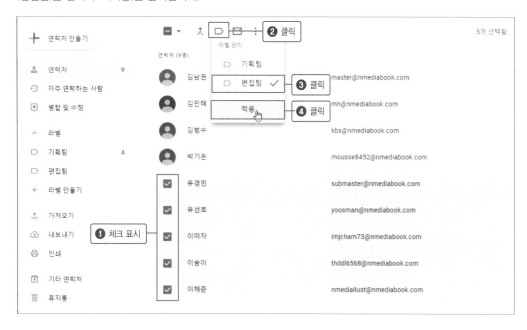

08 | 왼쪽 화면 라벨 옵션에 소속 팀들이 표시되며, 해당 팀을 클릭하면 팀에 소속된 사용자만 화면에 표시됩니다.

Section 04

연락처에서 **사용자 선택하여 메일 보내기**

구글 연락처에서 메일을 보낼 사용자를 선택한 다음 G메일을 이용하여 메일을 바로 보낼 수 있습니다. 여러 명의 사용자에게 한번에 메일을 보낼 수 있으므로 편리합니다.

01 │ 주소록에서 메일을 보낼 사용자들을 클릭하여 선택한 다음 [메일 보내기] 버튼을 클릭합니다.

02 │ G메일이 실행되며 선택된 사용자들이 받는 사람으로 지정됩니다. 보낼 메일 내용을 입력한 다음 [보내기] 버튼을 클릭하여 메일을 전송합니다.

Section 05

특정 그룹 **주소록을 선별하여 공유하기**

그룹으로 분류된 사용자 연락처를 별도의 파일로 저장한 다음 해당 파일을 구글 드라이브로 저장하여 다른 사용자에게 공유할 수 있습니다. 내보내기 기능을 이용하여 특정 그룹 연락처를 공유해 보겠습니다.

01 | 구글 주소록에서 특정 연락처 그룹을 공유하기 위해 왼쪽 화면에서 (내보내기)를 선택합니다.

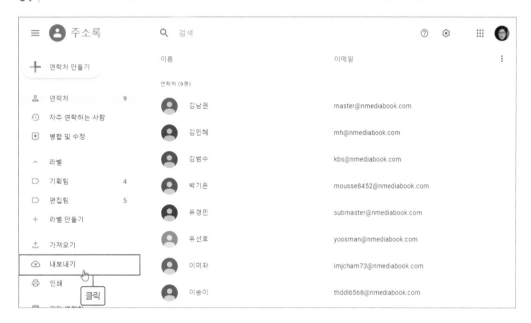

02 | 연락처 내보내기 대화상자가 표시되면 연락처 팝업 버튼을 클릭한 다음 공유하려는 연락처 그룹을 선택합니다.

03 | 다음 형식으로 내보내기 옵션에서 내보내려는 파일 형식을 선택합니다. 예제에서는 (Google CSV) 항목을 선택한 다음 (내보내기) 버튼을 클릭합니다.

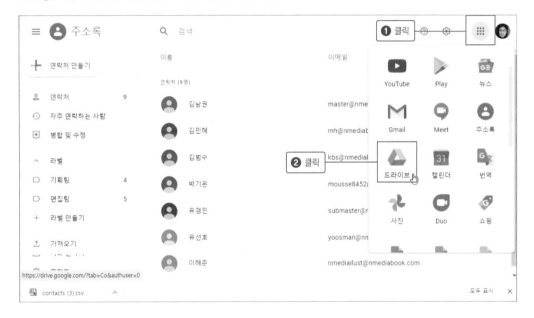

04 | 연락처 파일이 CSV 파일로 다운로드되어 저장됩니다. 다운로드된 파일을 구글 드라이브에 저장하기 위해 (Google 앱) 버튼을 클릭한 다음 (드라이브)를 클릭합니다.

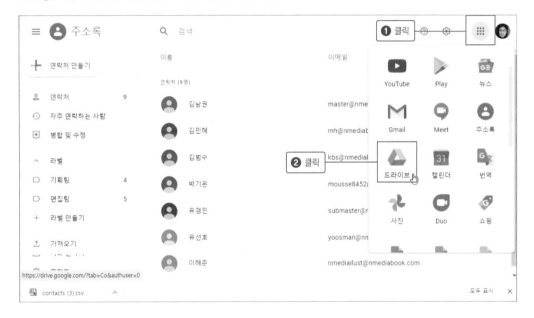

05 | 다운로드된 연락처 파일을 구글 드라이브로 드래그한 다음 저장된 연락처 파일을 더블클릭하여 불러옵니다.

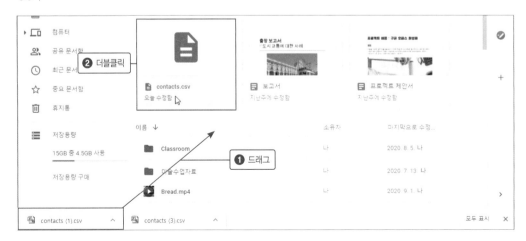

06 │ 그림과 같이 스프레드시트 형태로 선별된 그룹 연락처가 표시됩니다. 연락처 파일을 공유하기 위해 (추가 작업) 버튼을 클릭한 다음 (공유)를 선택합니다.

07 │ 사용자 및 그룹과 공유 대화상자가 표시되면 사용자 및 그룹 추가 옵션에서 공유할 사용자를 선택합니다.

08 │ 공유할 사용자가 지정되었다면 (보내기) 버튼을 클릭합니다. 연락처 파일을 받은 사용자는 메일에서 바로 연락처를 확인할 수 있습니다.

Section 06

최적의 비즈니스 메일, **구글 G메일** 미리보기

구글 G메일은 업무용 메일로 사용하기에 최적의 메일 서비스입니다. 구글 주소록에 등록된 사용자에게 손쉽게 메일을 보낼 수 있으며, 중요한 보안 메일의 경우 사용자 인증을 통하여 한층 강화된 보안 설정이 가능합니다.

❶ **편지 쓰기** : 새로운 메일을 입력하고, 파일을 전송합니다.

❷ **편지함** : 받은 메일이나 보낸 메일, 예약 메일, 임시 메일 등을 확인합니다.

❸ **새 라벨 만들기** : 사용자가 편지함에 추가로 그룹화된 새 라벨을 만듭니다.

❹ **회의 시작** : 구글 미트를 이용하여 화상 회의를 시작합니다.

❺ **회의 참여** : 구글 미트를 이용하여 화상 회의에 참여합니다.

❻ **메일 검색** : 키워드를 입력하여 메일을 검색합니다.

❼ **선택** : 모든 메일을 선택하거나 선택을 해제합니다.

❽ **더보기** : 모두 읽은 상태로 표시하거나 메일을 선택하여 메뉴를 표시합니다.

❾ **서식 지정 옵션** : 폰트와 문자 크기, 두껍게, 이탤릭체, 밑선, 문자 색상과 정렬을 지정합니다.

❿ **링크 삽입** : 메일 문장에 링크를 삽입합니다.

⓫ **이모티콘 삽입** : 그림 이모티콘을 삽입합니다.

⓬ **드라이브 삽입** : 구글 드라이브에 저장된 파일을 삽입합니다.

⓭ **사진 삽입** : 구글 드라이브에 저장된 이미지나 업로드할 이미지를 삽입합니다.

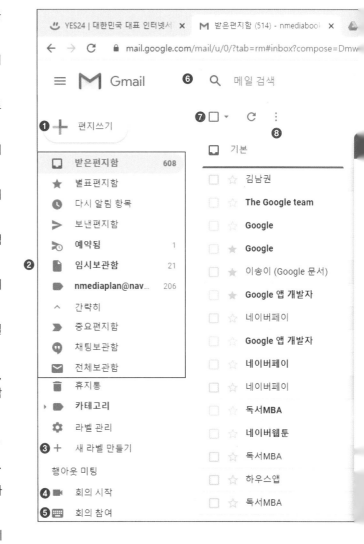

⑭ **비밀 모드** : 사용자 인증을 추가한 보안 메일을 보냅니다.

⑮ **서명 삽입** : 메일에 서명 관리를 할 때 사용합니다.

⑯ **삭제** : 메일을 삭제합니다.

⑰ **보관처리** : 메일을 전체보관함에 저장합니다.

⑱ **스팸신고** : 광고성 메일인 경우 스팸함으로 이동합니다.

⑲ **삭제** : 메일을 삭제합니다.

⑳ **읽지 않은 상태로 표시** : 메일을 읽어도 읽지 않은 상태로 표시합니다.

㉑ **다시 알림** : 선택한 메일을 원하는 날짜에 다시 확인시킵니다.

㉒ **Tasks에 추가** : 내 할 일 목록에 메일을 추가합니다.

㉓ **이동** : 선택한 메일을 원하는 편지함으로 이동합니다.

㉔ **라벨** : 라벨을 새로 만들거나 관리합니다.

Section 07

구글 메일을 이용하여 **메일 보내기**

구글 G메일을 이용하여 메일을 전송해 보겠습니다. 구글 주소록에 수신자가 등록되어 있다면 손쉽게 받을 사람을 검색하고, 메일을 입력하여 전송할 수 있습니다.

01 | 구글 메일로 메일을 보내기 위해 [Google 앱] 버튼을 클릭한 다음 [Gmail]을 클릭합니다.

02 | Gmail이 실행되면 메일을 보내기 위해 [편지 쓰기] 버튼을 클릭합니다. 새 메일 창이 표시됩니다.

03 | 받는 사람 항목에 보낼 사람을 지정합니다. 구글 주소록에 사용자를 저장하였다면 사용자의 성만 입력해도 보낼 사용자를 제시합니다.

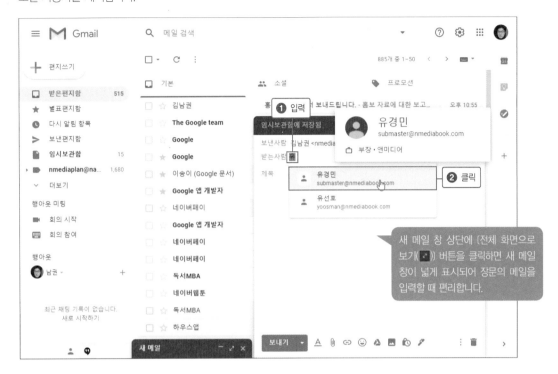

04 | 메일 입력창에 보낼 메일의 내용을 입력합니다. 중요한 문장의 경우에는 드래그하여 블록으로 지정하고 (서식 지정 옵션) 버튼을 클릭한 다음 (굵게) 또는 (밑줄) 버튼을 클릭하여 강조합니다. (보내기) 버튼을 클릭하여 메일을 전송합니다.

Section 08

메일에 **파일 첨부하여 전송하기**

메일에 파일을 첨부해 보겠습니다. 파일 첨부는 이미지 파일뿐만 아니라 다양한 파일 형식의 파일들을 간단하게 첨부하여 전송이 가능합니다.

01 | 메일에 파일을 첨부하기 위해 (파일 첨부) 버튼을 클릭합니다.

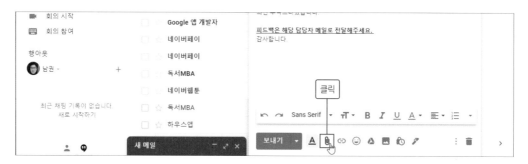

02 | 열기 대화상자가 표시되면 첨부할 파일을 선택한 다음 (열기) 버튼을 클릭합니다. 그림과 같이 새 메일 창에 문서가 첨부되며, 메일을 전송하기 위해 (보내기) 버튼을 클릭하면 메일이 전송됩니다.

Section 09

특정 날짜를 선택하여 **예약 메일 전송하기**

비즈니스 메일의 경우 일정이나 수신자의 상황에 맞게 날짜를 선택하여 예약 메일을 보낼 경우가 있습니다. 특정한 날짜를 선택하여 예약 메일을 보내는 방법에 대해 알아보겠습니다.

01 | 메일을 예약하려면 보내기 버튼의 (팝업) 버튼을 클릭한 다음 (보내기 예약)을 클릭합니다.

02 | 보내기 예약 대화상자가 표시되면 내일 아침이나 오후 등 선택할 수 있습니다. 특정 날을 정하여 메일을 보내기 위해 (날짜 및 시간 선택)을 클릭합니다.

03 | 날짜 및 시간 선택 대화상자가 표시되면 메일을 보낼 날짜를 선택한 다음 (보내기 예약) 버튼을 클릭합니다.

Section 10

구글 드라이브를 이용하여 **대용량 파일 보내기**

25MB 이상의 대용량 첨부 파일을 보낼 경우에는 구글 드라이브에 첨부 메일을 저장한 다음 첨부된 메일이 전송됩니다. 대용량 파일을 첨부하고 전송하는 방법에 대해 알아보겠습니다.

01 | 메일에 대용량 파일을 첨부하기 위해 (파일 첨부) 버튼을 클릭합니다.

02 | 열기 대화상자에서 대용량 첨부 파일을 선택한 다음 (열기) 버튼을 클릭합니다.

03 | 파일 크기가 25MB 이상일 경우 구글 드라이브로 파일이 전송됩니다.

04 | 25MB 이상의 큰 파일인 경우에는 구글 드라이브로 공유해야 한다는 메시지가 표시됩니다. (확인) 버튼을 클릭합니다.

05 | 대용량 파일이 메일에 첨부되었습니다. 메일을 전송하기 위해 (보내기) 버튼을 클릭합니다.

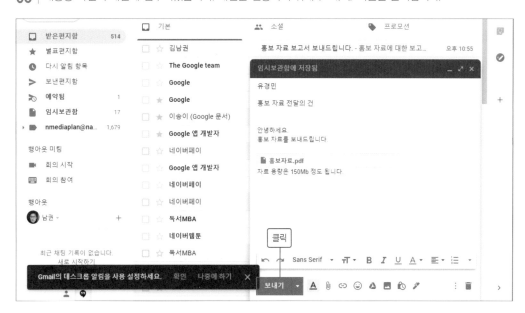

06 | 대용량 파일을 수신자가 열기 위해서는 수신자에게 파일 액세스 권한을 부여해야 한다는 메시지가 표시됩니다. (보내기) 버튼을 클릭합니다.

Section 11

참조와 비밀 참조로 메일 보내기

메일을 보낼 때 여러 사람이 공유해서 보낸 메일을 참조로 볼 수 있습니다. 참조 메일은 수신자가 참조한 사람을 확인할 수 있으며, 비밀 참조로 보낸 경우에는 참조한 사람을 수신인이 볼 수는 없습니다.

01 | 메일을 보내기 위해 받는 사람을 지정한 다음 발송할 메일 내용을 입력합니다. 받는 사람 입력창을 클릭하여 화면 상단에 '참조'와 '숨은 참조'를 표시합니다.

02 | 보낼 메일에 참조할 사람을 지정하기 위해 새 메일 화면의 오른쪽 상단에 (참조)를 클릭합니다.

03 | 참조할 사람을 지정하면 받는 사람 하단에 참조 표시가 됩니다. 이번에는 [숨은 참조]를 클릭합니다.

04 | 숨은 참조 항목에 지정한 사람이 표시됩니다. 메일 수신자는 메일 상단에 보낸 사람과 참조한 사람을 확인 할 수 있지만, 숨은 참조를 한 사람은 확인할 수 없습니다.

Section 12

보안을 요구하는 내용은 **비밀 메일로 보내기**

중요한 메일을 보낼 경우 비밀 메일 기능을 이용하면 수신자는 자신의 스마트폰으로 비밀번호를 인증해야 메일을 확인할 수 있습니다. 보안을 위한 비밀 메일 전송 방법을 알아보겠습니다.

01 │ 비밀 메일을 보내기 위해 중요 메일을 작성한 다음 [비밀 모드 사용] 버튼을 클릭합니다.

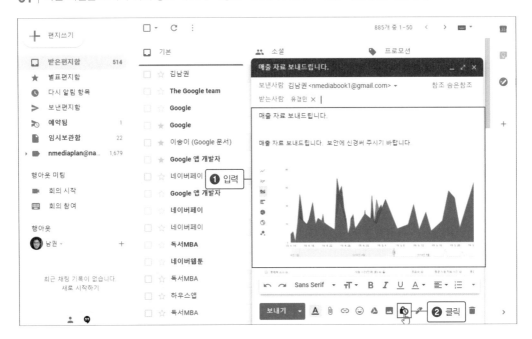

02 │ 비밀 모드 대화상자가 표시되면 만료일이 지나면 메일을 확인할 수 없도록 [만료일 설정]을 지정합니다.

03 │ 메일 확인 시 비밀번호를 스마트폰 문자로 받기 위해 〔SMS 비밀번호〕를 선택하고 〔저장〕 버튼을 클릭합니다.

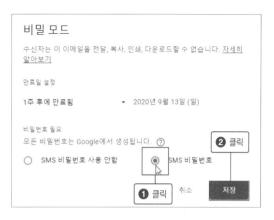

04 │ 비밀 메일을 보내기 위해 〔보내기〕 버튼을 클릭하여 메일을 전송합니다.

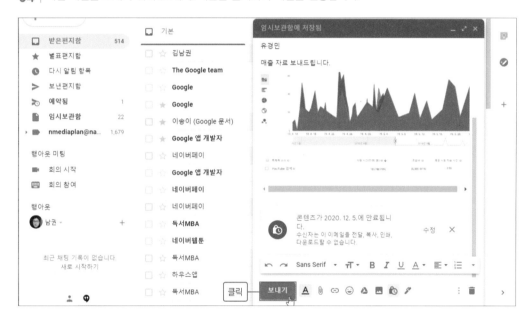

05 │ 메일을 받은 수신자의 메일을 확인해 보면 그림과 같이 메일 내용이 표시되지 않습니다. 메일을 확인하기 위해 〔이메일 보기〕 버튼을 클릭합니다.

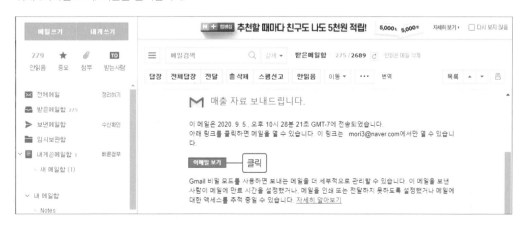

06 | 이메일을 보기 위해서는 본인 인증이 필요하므로, (비밀번호 전송) 버튼을 클릭합니다.

07 | 수신자의 스마트폰으로 인증 비밀번호가 전송됩니다. 전송된 비밀번호를 비밀번호 입력창에 입력한 다음 (제출) 버튼을 클릭합니다.

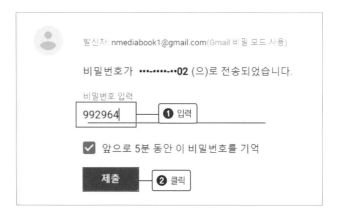

08 | 그림과 같이 메일이 열리며 메일 내용을 확인할 수 있습니다.

Section 13

여러 개의 메일 주소를 하나의 구글 메일로 통합하기

구글 G메일에서 사용자가 별도로 사용하는 네이버나 다음 메일 등의 외부 메일을 받아 확인할 수 있습니다. 여기서는 G메일에서 외부 메일을 가져오는 방법에 대해 알아보겠습니다.

01 │ G메일에서 사용자가 사용하는 네이버 메일을 확인해 보겠습니다. 외부 메일을 불러오기 위해 〔설정〕 버튼을 클릭한 다음 〔모든 설정 보기〕 버튼을 클릭합니다.

02 │ 설정 옵션에서 〔계정 및 가져오기〕를 클릭한 다음 다른 계정에서 메일 확인을 위해 〔메일 계정 추가〕를 클릭합니다.

03 | 메일 계정 추가 대화상자에서 추가하려는 이메일 주소를 입력한 다음 (다음) 버튼을 클릭합니다.

04 | (다른 계정에서 이메일 가져오기(POP3))를 선택한 다음 (다음) 버튼을 클릭합니다.

05 | 사용자 이름과 비밀번호를 입력한 다음 '수신 메일에 라벨 지정'을 체크하고 (계정 추가) 버튼을 클릭합니다.

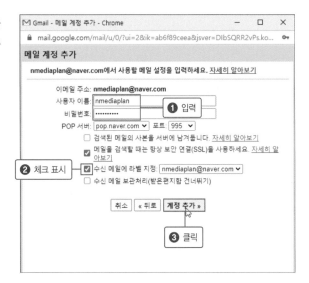

06 | 비밀번호를 저장할 것인지 묻는 대화 상자가 표시되면 비밀번호를 저장하기 위해 〔저장〕 버튼을 클릭합니다.

07 | 메일 계정이 추가되었다는 메시지가 표시됩니다.

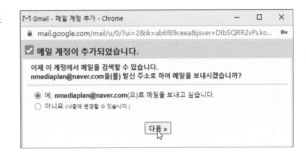

08 | 메일을 확인해 보면 왼쪽 화면에 외부 메일이 라벨로 표시됩니다. 이제부터 구글 G메일에서 네이버 메일을 수신할 수 있습니다.

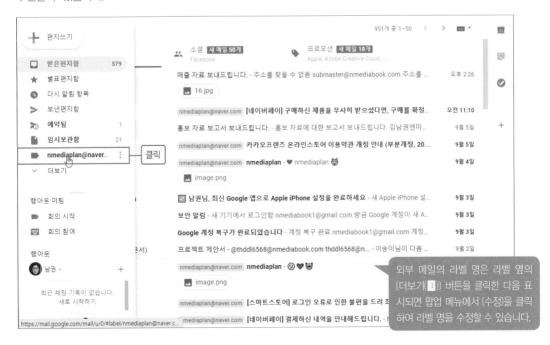

외부 메일의 라벨 명은 라벨 옆의 〔더보기(⋮)〕 버튼을 클릭한 다음 표시되면 팝업 메뉴에서 〔수정〕을 클릭하여 라벨 명을 수정할 수 있습니다.

Section 14

수신 메일을 **라벨을 이용하여 그룹화하기**

업무상 많은 메일을 수신할 경우 메일 확인을 놓치는 경우가 발생하기도 합니다. 중요한 메일인 경우에는 라벨 기능을 이용해 그룹으로 묶어 놓으면 손쉽게 해당 메일만 확인할 수 있습니다. 라벨 기능을 이용한 그룹화 방법을 알아보겠습니다.

01 | 새로운 라벨을 만들기 위해 (새 라벨 만들기)를 선택합니다.

02 | 새 라벨 대화상자가 표시되면 새 라벨 이름을 입력한 다음 (만들기) 버튼을 클릭합니다.

03 | 화면 왼쪽의 편지함 목록에 새로 만든 라벨 이름이 표시됩니다.

04 | 만들어진 라벨로 이동시키려는 메일을 선택한 다음 (라벨) 버튼을 클릭합니다. 이동시키려는 라벨을 체크하고 (적용)을 클릭합니다.

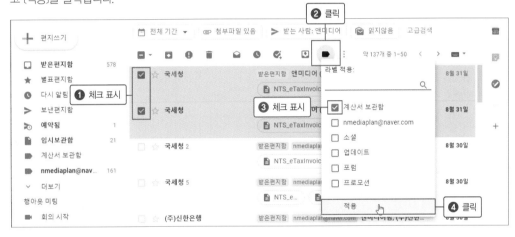

05 | 새로 만든 라벨을 클릭하면 선택하여 이동시킨 메일을 확인할 수 있습니다.

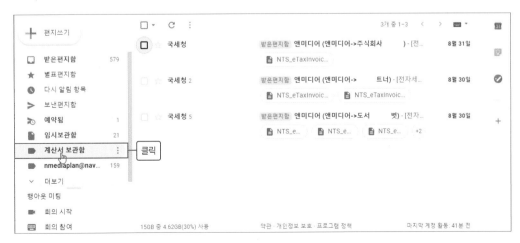

Section **15**

지금은 휴가 중! **자동응답 사용하기**

장기간 메일을 확인하지 못하는 휴가 기간이나 휴직을 할 경우 자동응답 기능을 이용하여 발신자에게 특정 기간 동안 메일을 확인하지 못하는 내용을 전달할 수 있습니다. 자동응답 기능 설정 방법에 대해 알아보겠습니다.

01 | 자동응답 기능을 설정하기 위해 (설정) 버튼을 클릭한 다음 (모든 설정 보기) 버튼을 클릭합니다.

02 | 부재중 자동응답 옵션에서 (부재중 자동응답 켜기)를 선택한 다음 자동응답이 표시될 기한을 지정합니다. 원하는 시작일과 종료일을 지정합니다.

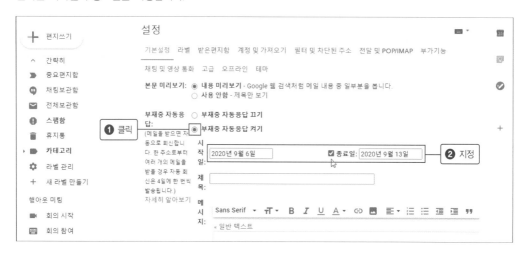

03 | 부재중 자동응답 메시지의 제목과 일반 텍스트 내용을 입력한 다음 (변경사항 저장) 버튼을 클릭합니다.

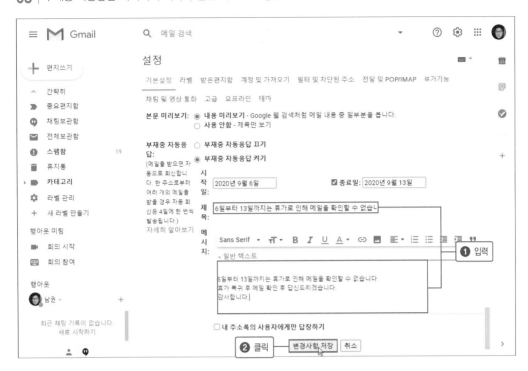

04 | 부재중 자동응답이 설정되었습니다. G메일을 확인해 보면 화면 상단에 부재중 자동응답 메시지가 표시되는 것을 확인할 수 있습니다.

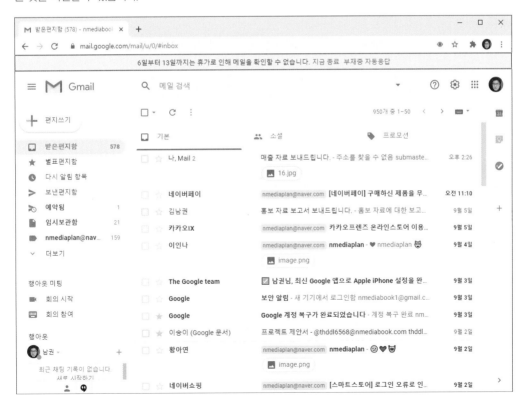

Section **16**

구글 캘린더 미리보기

구글 캘린더를 이용하면 각종 회의나 미팅, 업무 일정 설정부터 일정 전달과 공유가 가능합니다.
구글 캘린더에서 제공하는 기능부터 구성에 대해 알아보겠습니다.

❶ **기본 메뉴** : 화면 왼쪽의 메뉴를 표시하거나 숨깁니다.

❷ **미니 캘린더** : 현재 표시된 캘린더를 작게 표시합니다.

❸ **사용자 검색** : 구글 주소록에 저장된 사용자를 검색합니다.

❹ **내 캘린더** : 사용자가 추가한 캘린더 목록을 표시합니다.

❺ **다른 캘린더** : 새로운 캘린더를 만들거나 다른 캘린더를 가져올 수 있습니다.

❻ **전 달/다음 달** : 이전 달로 이동하거나 다음 달로 이동합니다.

❼ **검색** : 등록된 일정을 검색합니다.

❽ **설정 메뉴** : 언어 및 지역, 시간대, 세계 시계, 일정 설정, 보기 옵션을 설정합니다.

❾ **단위 보기** : 일, 주, 월, 연도 기준으로 달력을 표시합니다.

❿ **Google 앱** : 구글에서 제공하는 다양한 앱을 선택합니다.

⓫ 날짜 : 날짜를 클릭하여 해당 날의 시간대별 일정을 설정합니다.

⓬ 일정 표시 : 설정한 일정을 버튼 형식으로 표시합니다.

⓭ 일정 수정 : 일정을 추가하거나 변경할 때 사용합니다.

⓮ 일정 삭제 : 일정을 삭제할 때 사용합니다.

⓯ 참석자에게 이메일 보내기 : 일정에 포함된 참석자에게 메일을 보냅니다.

⓰ 옵션 : 일정을 인쇄하거나 복제, 일정을 게시할 때 사용합니다.

Section 17

미팅 날짜와 시간, 장소 지정하기

구글 캘린더를 이용하면 미팅 날짜와 시간, 구글 미트 화상 회의를 추가할 수 있습니다. 캘린더에 표시된 화상 회의 일정을 확인하고 빠르게 구글 미트를 실행하는 방법에 대해 알아봅니다.

01 │ 구글 크롬을 실행한 다음 화면 상단의 (Google 앱) 버튼을 클릭하고 (캘린더)를 클릭합니다.

02 │ 구글 캘린더가 실행되면 캘린더 표시를 (월)로 지정한 다음 일정을 지정하려는 날짜 영역을 클릭합니다.

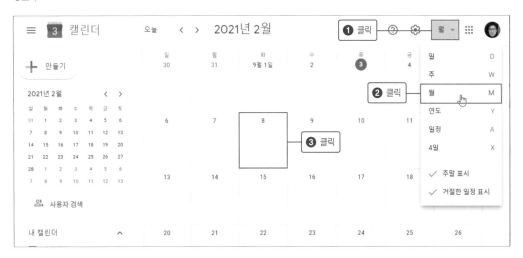

03 | 제목 및 시간 추가 대화상자가 표시되면 미팅 제목을 입력한 다음 (시간 찾기)를 클릭합니다.

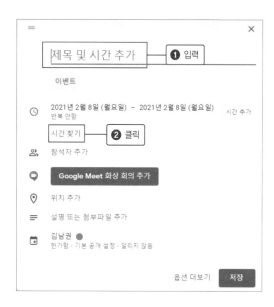

04 | 시간을 설정하기 위해 미팅 시간을 클릭한 다음 아래쪽으로 드래그하여 미팅 시간 범위를 지정합니다. 예제에서는 2시에서 4시까지 드래그합니다.

05 | 추가로 미팅 위치를 지정하기 위해 (위치 추가)를 클릭합니다.

06 | 입력창에 미팅 장소를 입력하면 위치 주소를 자동으로 검색합니다. 주소가 표시되면 검색된 주소를 선택합니다. 미팅 일정을 저장하기 위해 (저장) 버튼을 클릭합니다.

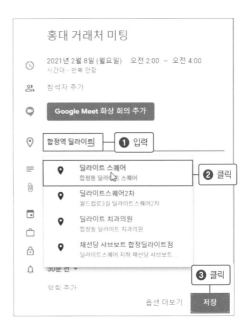

07 | 캘린더에 설정한 일성이 버튼 형식으로 표시됩니다. 캘린더에서 설정한 일정을 클릭하면 일정 요약표가 표시됩니다. 미팅 장소를 클릭해 봅니다.

08 | 구글 지도가 실행되며, 미팅 장소 소개와 위치 지도, 미팅 일정이 표시됩니다.

Section 18

미팅 일정이 미뤄졌다면! **일정 수정하기**

회사 생활에서 미팅이나 일정이 변경되는 경우는 상당히 많습니다. 구글 캘린더의 일정 수정 기능을 이용하여 날짜와 시간, 장소를 변경하는 방법에 대해 알아보겠습니다.

01 │ 수정하려는 일정의 버튼을 클릭하여 일정 대화상자가 표시되면 일정을 수정하기 위해 (일정 수정) 버튼을 클릭합니다.

02 │ 일정 수정 화면이 표시되면 미팅 시간을 수정하기 위해 시간 수정 메뉴에서 시간을 재설정합니다.

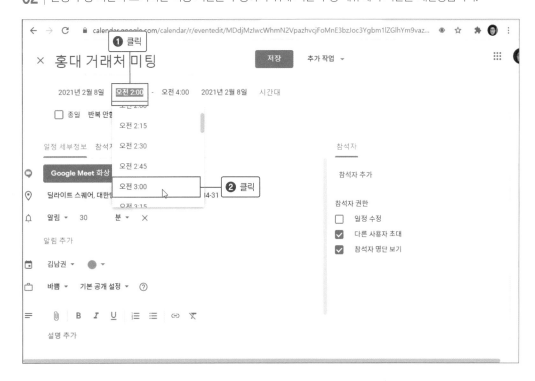

03 | 미팅 주소를 수정하기 위해 주소 입력창에 변경된 주소를 입력하여 검색된 주소를 선택합니다.

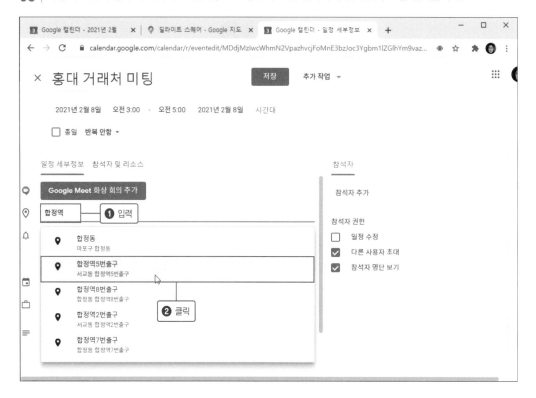

04 | 변경된 일정이 수정되었다면 구글 캘린더에 저장하기 위해 (저장) 버튼을 클릭합니다.

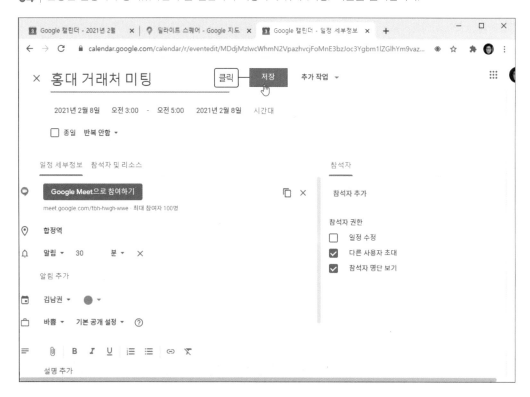

Section 19

화상 회의 일정을 미팅에 추가하기

오프라인 미팅 일정이 비대면 미팅으로 변경된다면 구글 미트를 이용한 일정을 구글 캘린더에 추가할 수 있습니다. 일정 수정 기능으로 화상 회의 일정을 추가해 보겠습니다.

01 │ 수정하려는 일정의 날짜를 클릭하여 일정 대화상자가 표시되면 일정을 수정하기 위해 (일정 수정) 버튼을 클릭합니다.

02 │ 일정 수정 화면이 표시되면 화상 회의를 추가하기 위해 (Google Meet 화상 회의 추가) 버튼을 클릭한 다음 (저장) 버튼을 클릭합니다.

03 │ 해당 날짜에 일정 대화상자를 확인해 보면 (Google Meet으로 참여) 버튼이 만들어졌습니다. 화상 회의를 참여하기 위해 버튼을 클릭합니다.

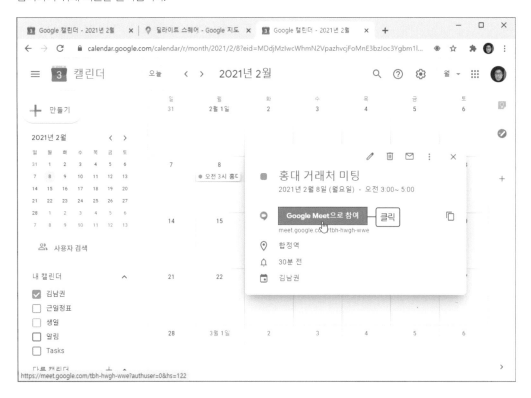

04 │ Google Meet가 실행됩니다. 참여할 준비가 되었다면 (지금 참여하기) 버튼을 클릭하여 화상 회의에 참가합니다.

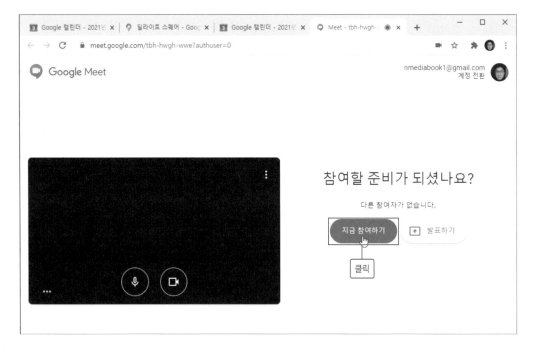

Section 20

일정이 취소되었다면? **일정 삭제하기**

일정이 취소되었다면 일정 대화상자에서 일정 삭제 기능으로 해당 일정을 삭제합니다. 삭제된 일정을 복원하려면 실행 취소 기능을 이용하여 원상태로 되돌릴 수 있습니다.

01 | 수정하려는 일정의 버튼을 클릭하여 일정 대화상자가 표시되면 일정을 삭제하기 위해 (일정 삭제) 버튼을 클릭합니다.

02 | 구글 캘린더의 해당 일정이 삭제되었습니다. 일정이 삭제 처리되면 화면 하단에 일정이 삭제되었다는 메시지가 표시됩니다.

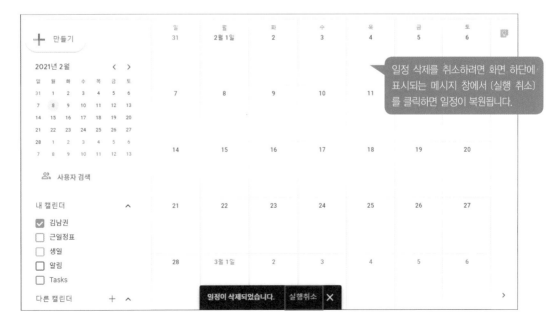

Section **21**

반복적인 일정 추가하기

주간 회의나 월간 회의, 격주 휴무 등 반복적인 일정을 캘린더에 추가해 보겠습니다. 반복적인 일정 범위를 설정하고, 주기를 설정하여 일정을 추가합니다.

01 | 구글 캘린더에서 원하는 날짜 영역을 클릭한 다음 일정 대화상자에서 일정 제목을 입력합니다. 예제에서는 '주간 회의'라고 입력했습니다.

02 | 시간을 설정하기 위해 (시간 찾기)를 클릭합니다. 오른쪽 화면에서 원하는 시간을 클릭한 다음 드래그하는 방법으로 시간을 설정합니다.

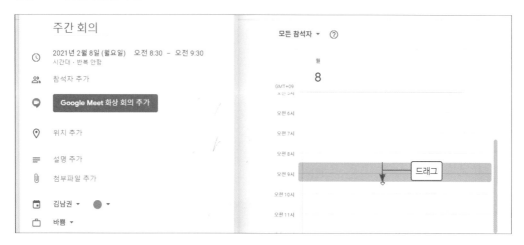

03 | 기본 옵션은 '반복 안 함'으로 설정되어 있기 때문에 반복적인 일정을 설정하기 위해 [옵션 더보기]를 클릭합니다.

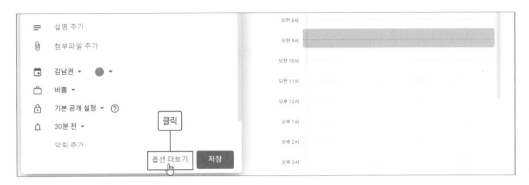

04 | 화면에서 '종일' 체크박스를 클릭하여 해제한 다음 팝업 메뉴에서 반복되는 패턴을 선택합니다. 예제에서는 [매주 월요일]을 선택하고 [저장] 버튼을 클릭합니다.

05 | 구글 캘린더를 확인해 보면 한번에 매주 월요일, 동일한 시간대로 일정이 지정된 것을 확인할 수 있습니다.

Section **22**

개인용 이외의 **업무용 캘린더 새로 만들기**

구글 캘린더는 개인 일정용 이외에 사용자가 별도로 캘린더를 추가로 만들 수 있습니다. 여기서는 개인 일정 캘린더 이외에 회사에서만 사용하는 업무용 캘린더를 만들어 보겠습니다.

01 | 구글 캘린더를 실행한 다음 왼쪽 하단에 (다른 캘린더) 항목의 (다른 캘린더 추가) 버튼을 클릭합니다.

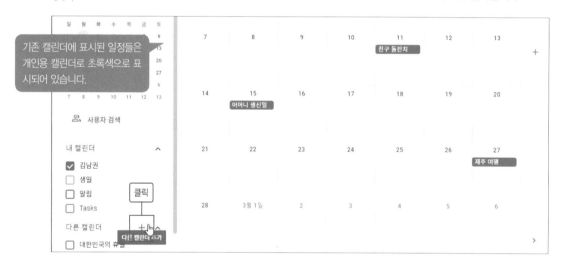

기존 캘린더에 표시된 일정들은 개인용 캘린더로 초록색으로 표시되어 있습니다.

02 | 업무용 캘린더를 만들기 위해 팝업 메뉴에서 (새 캘린더 만들기)를 선택합니다.

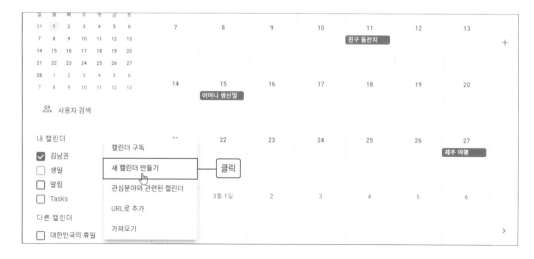

03 │ [새 캘린더 만들기] 화면이 표시되면, 업무용 캘린더 이름과 설명을 입력한 다음 [캘린더 만들기] 버튼을 클릭합니다.

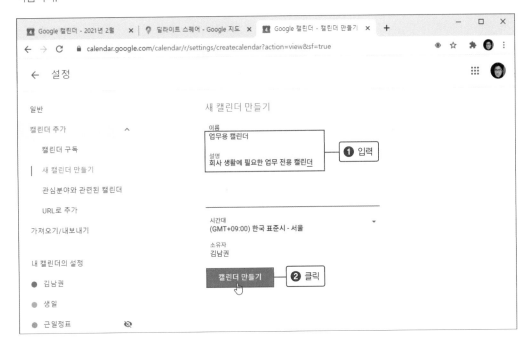

04 │ 화면 왼쪽 하단의 내 캘린더를 확인해 보면 방금 만든 주황색으로 표시된 업무용 캘린더가 표시됩니다. 이제 구글 캘린더에서 원하는 날짜 영역을 클릭한 다음 일정 대화상자에서 일정 제목을 입력합니다. 캘린더 선택을 [업무용 캘린더]로 지정하고 [저장] 버튼을 클릭합니다.

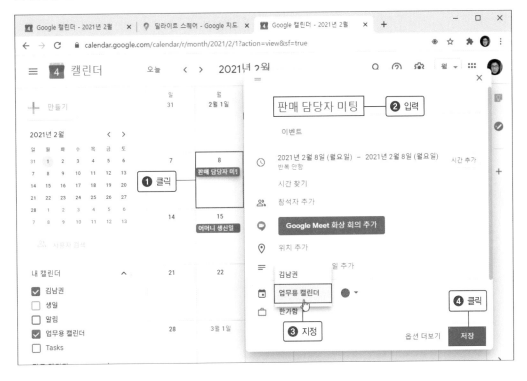

05 | 같은 방식으로 업무용 캘린더를 선택한 상태에서 구글 캘린더에 일정을 저장합니다.

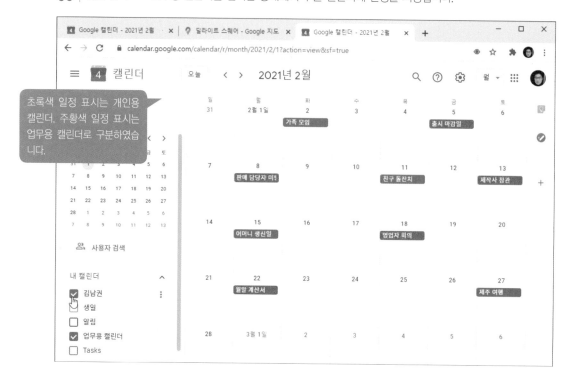

초록색 일정 표시는 개인용 캘린더, 주황색 일정 표시는 업무용 캘린더로 구분하였습니다.

06 | 캘린더에서 업무용 캘린더의 업무만 보기 위해 왼쪽 하단의 '개인용 캘린더'의 체크박스를 해제합니다. 주황색으로 표시된 업무용 캘린더의 일정만 화면에 표시됩니다.

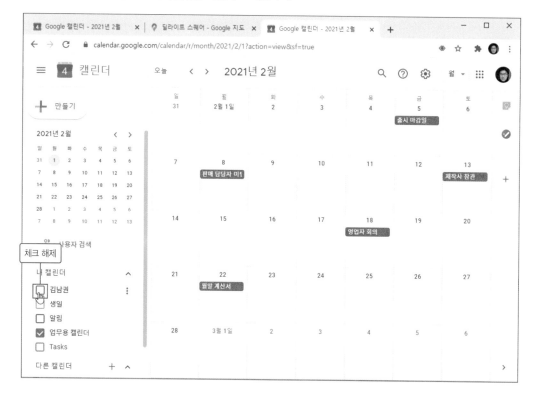

Section 23

업무 일정 파일로 저장하여 일정 제출하기

업무 일정이 정리된 캘린더를 별도의 파일로 저장하여 관리자나 팀원에게 압축 파일인 ZIP 파일로 전달할 수 있습니다. 여기서는 캘린더 파일 저장 방법에 대해 알아봅니다.

01 | 구글 캘린더의 업무 일정만 제출하기 위해 화면 왼쪽 하단의 체크박스에서 '업무용 캘린더'만 체크합니다.

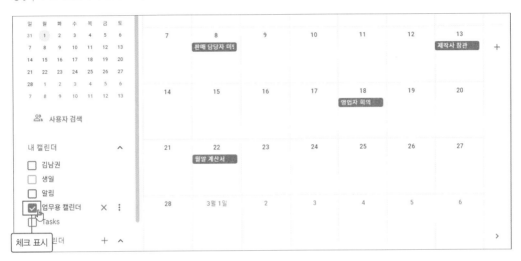

02 | 업무 일정만 표시되었다면 [설정 메뉴] 버튼을 클릭한 다음 [설정]을 선택합니다.

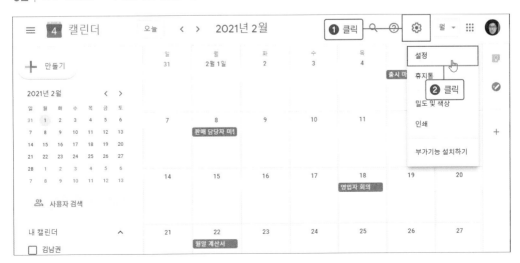

03 | 내 캘린더의 설정에서 저장하려는 캘린더를 선택한 다음 [캘린더 내보내기] 버튼을 클릭합니다. 예제에서는 업무용 캘린더를 선택하였습니다.

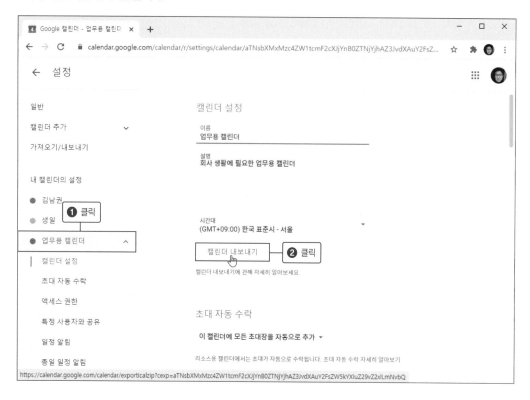

04 | 화면 왼쪽 하단에 캘린더 파일이 압축 파일인 ZIP 파일로 저장됩니다. 압축을 풀어 캘린더 파일을 더블클릭하여 실행합니다.

05 | 일정 화면이 표시되며, 리스트 형식으로 제목과 일정이 표시됩니다. [일정에 추가]를 클릭한 다음 캘린더로
확인하기 위해 [이전] 버튼을 클릭합니다.

06 | 캘린더 형식으로 일정이 표시됩니다. 업무 일정 표시 부분을 클릭하면 업무 일정을 확인할 수 있습니다.

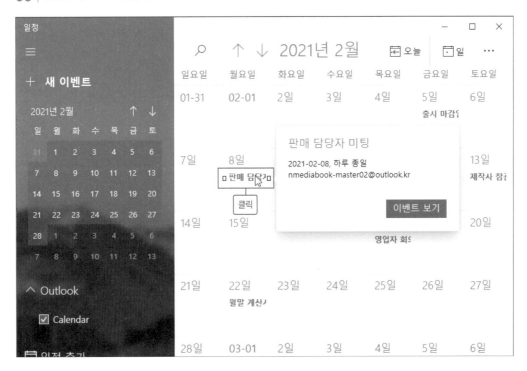

Section 24

여러 명의 팀원에게 **링크를 이용하여 일정표 전달하기**

여러 명의 팀원에게 업무 일정을 전달하기 위해 구글 캘린더에서 링크를 받아 간편하게 일정표를 전달할 수 있습니다. 일정표를 전달 받은 팀원들은 자신의 캘린더에 해당 일정을 추가할 수 있습니다.

01 | 구글 캘린더의 내 캘린더에서 업무 일정을 공유하려는 캘린더만 체크박스를 클릭한 다음 (옵션) 버튼을 클릭합니다. 예제에서는 업무용 캘린더를 체크한 다음 팝업 메뉴에서 (설정 및 공유)를 선택합니다.

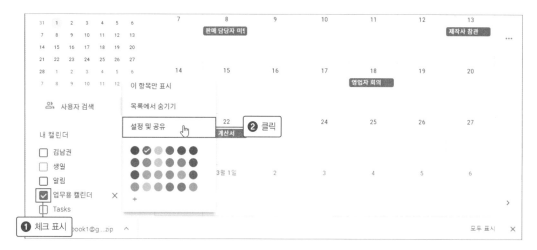

02 | 표시되는 메뉴의 액세스 권한 항목에서 (공개 사용 설정)을 클릭하여 체크를 표시합니다.

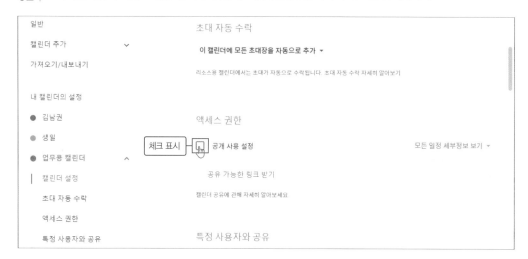

03 | 캘린더를 공개로 설정하면 누구나 구글 검색을 통해 모든 일정을 확인할 수 있다는 주의 메시지가 표시됩니다. (확인) 버튼을 클릭합니다.

04 | (공유 가능한 링크 받기) 버튼을 클릭합니다.

05 | 공유 가능한 내 캘린더 링크 대화상자가 표시되며, 공개 캘린더의 링크 주소가 표시됩니다. (링크 복사) 버튼을 클릭합니다.

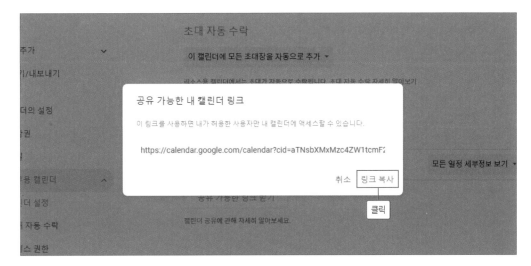

06 | 링크 주소는 메일이나 카카오톡을 이용하여 전달할 수 있습니다. 여기서는 카카오톡 입력창에 Ctrl+V를 눌러 참가자에게 캘린더 링크를 전달합니다.

07 | 캘린더를 전달받은 팀원이 링크를 클릭하면 캘린더 추가 대화상자가 표시됩니다. 캘린더를 추가하기 위해 (추가) 버튼을 클릭합니다.

08 | 그림과 같이 참가자의 캘린더에 업무 캘린더가 추가됩니다. 해당 업무 일정 버튼을 클릭하면 업무 관련 내용과 일정 등을 확인할 수 있습니다.

Section 25

업무 일정을 **사이트에 공개 게시하기**

인터넷 사이트에 게시할 캘린더를 내 캘린더에서 선택하고 맞춤 설정으로 캘린더를 조정한 다음 삽입 코드를 만들어 게시판에 붙여 공개를 할 수 있습니다.

01 │ 구글 캘린더의 내 캘린더에서 업무 일정을 게시하려는 캘린더만 체크박스를 클릭한 다음 [옵션] 버튼을 클릭합니다. 예제에서는 '업무용 캘린더'를 체크한 다음 팝업 메뉴에서 [설정 및 공유]를 선택합니다.

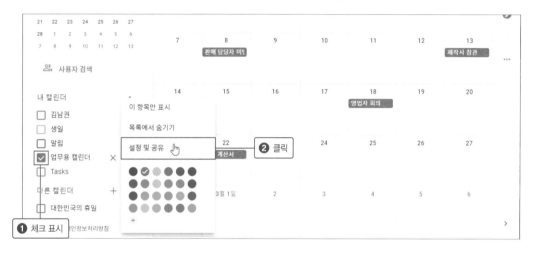

02 │ 액세스 권한 옵션에서 '공개 사용 설정'의 체크박스를 클릭하여 체크합니다.

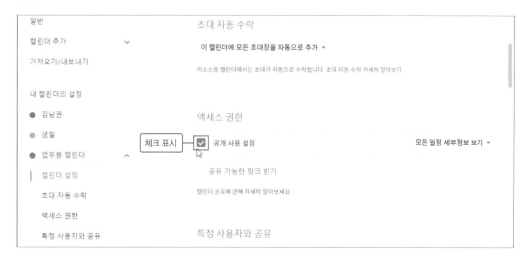

03 │ 화면 하단의 캘린더 통합 옵션에서 (맞춤 설정) 버튼을 클릭합니다.

04 │ 인터넷에 게시할 캘린더가 미리보기 형태로 표시됩니다. 왼쪽 화면에서 캘린더의 형태나 색상, 크기를 설정합니다.

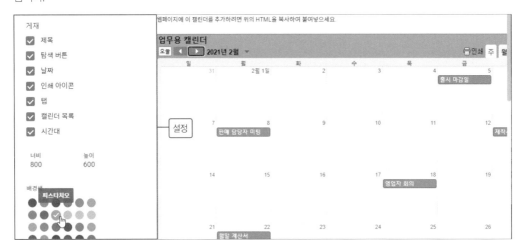

05 │ 캘린더 설정이 완료되면 오른쪽 상단의 (삽입 코드 복사) 버튼을 클릭하여 삽입 코드를 복사합니다.

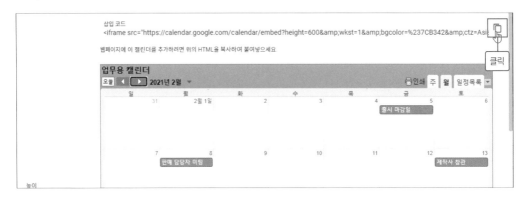

06 | 복사한 삽입 코드를 인터넷 사이트 게시판에 붙여 넣습니다. 예제에서는 네이버 블로그 게시판에 붙여 넣었습니다. 일정을 확인하기 위해 게시판의 링크 경로를 클릭합니다.

07 | 그림과 같이 게시판에 게시한 업무용 캘린더가 공개되는 것을 확인할 수 있습니다.

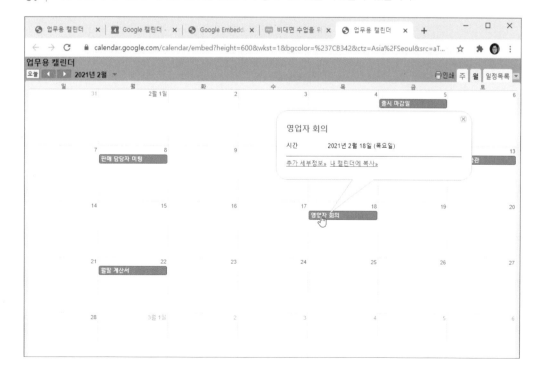

다양한 **정보를**
수집 & 정리하는
구글 설문지

구글 설문지를 사용하여 다양한 정보를 수집하고 정리할 수 있습니다. 마케팅 및 홍보를 위한 사전 설문지를 만들어 사용자의 의견을 반영할 수 있으며, 간단한 투표부터 뉴스레터 수신 이메일, 퀴즈 등 정보를 수집합니다. 문서와 스프레드시트, 프레젠테이션에서 원하는 형태대로 설문지를 만들어 작업자와 공유해 보세요.

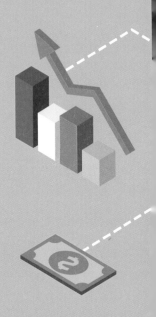

Part 8

Section 01

검색 엔진을 이용하여 **구글 설문지 시작하기**

구글 설문지를 실행한 다음 개인과 기업으로 구분된 설문 기능에서 개인을 선택하여 설문지 홈 화면으로 이동해 보겠습니다.

01 | 구글 설문지를 사용하기 위해서 구글 설문지 사이트에 접속합니다. 검색 사이트에서 '구글 폼' 또는 '구글 설문지'를 검색합니다.

02 | 구글 폼으로 검색했다고 하여도 'Google 설문지'가 검색 결과로 표시됩니다. 온라인 설문 조사가 가능하고 무료로 제공한다는 설명도 포함되어 있습니다.

03 │ 구글 설문지 사이트에 접속하면 개인과 기업을 구분하여 접속할 수 있습니다. 기업이라고 하여도 개인으로 사용하여 설문 기능을 사용할 수 있으며, 기업의 경우 G Suite로 활용 범위를 확장할 수 있습니다. 개인으로 선택하여 (Google 설문지로 이동하기) 버튼을 클릭합니다.

04 │ 구글 설문지에 접속하였으며 구글 문서와 같은 형태로 기본적인 템플릿이 표시되고 작성된 설문지 목록을 확인할 수 있습니다. 작성된 설문지는 기본적으로 구글 드라이브에 저장됩니다.

알아두기 구글 설문지에 접속할 경우 검색 엔진을 이용하는 것보다 주소창에 'https://forms.google.com' 또는 'https://docs.google.com/forms/'를 입력하고 Enter를 누르면 구글 설문지로 이동합니다.

Section **02**

구글 드라이브에서 간단하게 **구글 설문지 시작하기**

구글 설문지는 브라우저의 Google 앱 기능에서 기본으로 제공되지 않기 때문에 별도로 구글 설문지 기능을 사용하기 위해서 주소를 직접 입력하거나 다른 구글 앱에서 설문지로 이동해야 합니다. 구글의 모든 문서 종류들은 구글 드라이브에 저장되므로 구글 드라이브에서 해당 기능을 사용하는 것이 편리합니다.

01 │ 구글 설문지를 사용하기 위해서 브라우저의 (Google 앱) 버튼을 클릭하고 (드라이브)를 클릭하여 구글 드라이브로 이동합니다.

 구글 사이트로 접속한 경우에만 (Google 앱)이 표시됩니다. 구글 문서앱들을 사용하기 위해서 구글 계정에 필수로 로그인해야 합니다.

02 | 구글 드라이브로 이동하면 브라우저 왼쪽에서 [새로 만들기] 버튼을 클릭하고 팝업 메뉴에서 [Google 설문지]를 선택합니다.

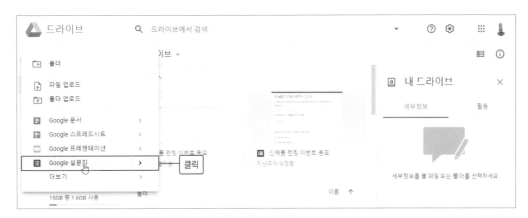

> **알아두기**
>
> [Google 설문지] 우측의 [확장] 버튼을 클릭하는 경우, 추가적인 팝업 메뉴가 표시되며 기본 형태의 설문지를 만들기 위해서 [빈 양식]을 선택합니다. 그러나, [Google 설문지]를 선택하는 경우와 [빈 양식]을 선택하는 경우 모두 동일한 설문지 만드는 페이지로 이동하므로 일부러 [빈 양식]을 선택할 필요는 없습니다.
>
> 기본적인 설문지가 아닌 다양한 형태로 제공하는 구글의 설문지 기능을 이용하기 위해 [템플릿] 버튼을 클릭하면 다양한 템플릿을 제공하는 페이지로 이동합니다.

03 | 설문지를 작성할 수 있는 페이지로 바로 이동되며 기본 형태의 설문지를 작성하여 제공할 수 있습니다.

Section 03

스프레드시트에서 **구글 설문지 만들기**

업무에서 많이 활용하는 엑셀과 같은 구글 스프레드시트는 구글 설문지와 매우 관계가 깊은 구글 앱이라고 할 수 있습니다. 구글 설문지의 결과 또는 통계를 스프레드시트로 만들어 정리할 수 있기 때문이며, 구글 스프레드시트에서 구글 설문을 삽입할 수도 있습니다. 구글 스프레드시트에서 구글 설문지를 삽입해 보도록 하겠습니다.

01 │ 구글 스프레드시트를 사용하기 위해서 브라우저의 (Google 앱) 버튼을 클릭하고 (스프레드시트)를 클릭하여 스프레드시트로 이동합니다.

02 │ 스프레드시트로 이동하면 (내용 없음)을 클릭하여 새로운 스프레드시트를 만들어 줍니다.

03 │ 스프레드시트에 구글 설문지를 적용하기 위해서 〔삽입〕 메뉴에서 〔양식〕을 선택합니다.

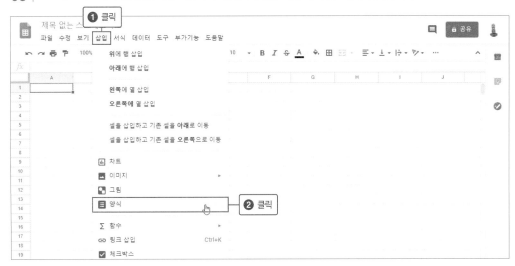

04 │ 브라우저의 새로운 탭에 구글 설문지가 표시되며 설문지를 작성할 수 있습니다. 구글 질문을 만드는 방법은 Section 04부터 설명합니다. 구글 설문을 완성하고 브라우저의 스프레드시트 탭을 클릭합니다.

05 │ 스프레드시트를 보면 구글 설문지에 작성한 항목들과 답변한 결과가 스프레드시트에 표시됩니다.

06 | 기본적인 스프레드시트인 경우 설문지 메뉴가 표시되지 않지만 설문지를 삽입한 경우 설문지 메뉴가 추가적으로 적용됩니다. 스프레드시트에서 설문지를 확인하거나 수정이 필요한 경우 [설문지] 메뉴를 이용할 수 있습니다. [설문지] 메뉴에서 [설문지 수정]을 선택합니다.

07 | 설문지를 수정할 수 있도록 구글 설문지로 이동됩니다. 설문을 답변하는 화면이 아니라 설문지를 수정할 수 있는 페이지로 이동하며 응답 결과도 확인이 가능합니다.

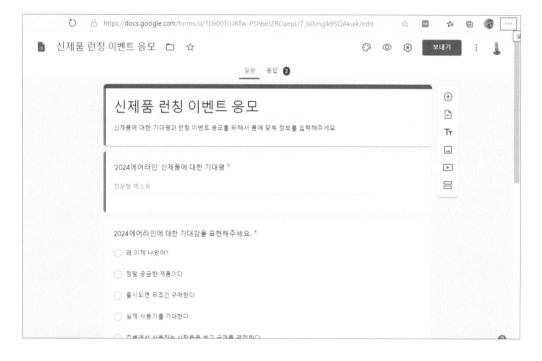

알아두기 구글 문서, 프레젠테이션, 스프레드시트에서 구글 설문지로 이동하여 설문을 작성할 수 있도록 기능을 제공하고 있으며, 각각의 구글 앱의 왼쪽 상단에 있는 [기본 메뉴] 버튼을 클릭하고 표시되는 메뉴에서 [설문지]를 선택하여 구글 설문지 기능을 사용할 수 있습니다.

Section 04

이벤트 응모 행사를 위한 구글 설문지 만들기

이벤트 응모를 할 때 사이트에 기능을 지원하거나 대행사 등을 이용하지 않는다면, 이벤트 응모를 정리하고 관리하기가 매우 어렵습니다. 이럴 때 쉽게 사용이 가능한 구글 앱이 바로 구글 설문지입니다. 응모도 쉽고 간단하며 스프레드시트로 관리가 가능합니다.

01 │ 구글 설문지에 접속하고 새로운 설문지를 만들기 위해서 새 양식 시작하기에서 [내용 없음]을 클릭합니다.

02 │ 새로운 설문지가 만들어지면 왼쪽 상단에 설문지명으로 저장될 이름을 입력합니다. 입력된 이름으로 설문지 목록에 표시됩니다. 자동으로 설문지 제목에 저장될 설문지명과 동일한 내용이 입력됩니다. 설문지 설명에 설문에 필요한 내용을 입력합니다.

03 │ (제목없는 질문)을 클릭하면 질문을 입력할 수 있습니다. 질문을 입력하고 기본 설정인 객관식 질문을 만들기 위해서 질문 유형 리스트박스에서 (객관식 질문)으로 지정합니다.

04 │ 객관식은 답변을 하나만 선택할 수 있도록 되어 있습니다. (옵션 1)을 클릭하면 보기를 입력할 수 있습니다. 보기를 입력하고 추가로 보기를 입력하기 위해서 (옵션 추가)를 클릭하고 입력할 수 있습니다. 답변을 포함하여 총 4개의 보기를 입력합니다.

05 │ 설문을 답변하는 사람에게 필수로 설문에 답하도록 하기 위해서 오른쪽 하단에서 필수의 (토글 스위치)를 클릭하여 필수 질문으로 설정하여 질문을 완성합니다.

Section 05

자동으로 질문 유형이 선택되는 **질문 추가하기**

구글 설문지는 사용자가 설문지의 질문을 쉽게 만들도록 질문에 입력된 키워드를 분석하여 질문 유형을 자동으로 변경해 줍니다. 질문에 따라 질문 유형이 변경되는 질문을 만들어 보겠습니다.

01 │ 질문을 추가하기 위해서 질문의 오른쪽에 있는 메뉴에서 가장 상단에 있는 [질문 추가] 버튼을 클릭합니다.

02 │ 질문의 기본 설정은 객관식 질문이지만 입력한 질문에 따라 질문 유형이 변경됩니다. 이벤트 응모를 위한 이름을 받기 위해서 질문에 '이름'이라고 입력합니다. 질문 유형은 자동으로 객관식 질문에서 단답형으로 변경됩니다.

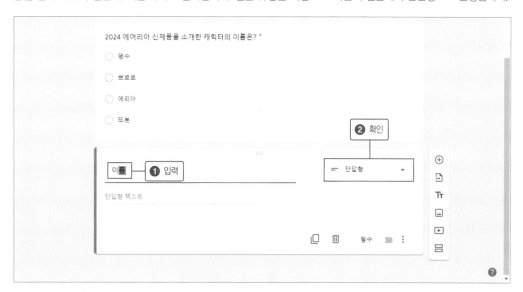

03 | 이름 정보를 필수로 받기 위해서 질문의 오른쪽 하단에 있는 필수의 (토글 스위치)를 클릭하여 필수 질문으로 설정합니다. 질문을 추가하기 위해서 오른쪽에 있는 메뉴에서 (질문 추가) 버튼을 클릭합니다.

04 | 새로운 질문에 '연락처'라고 입력합니다. 입력한 연락처에 따라서 질문 유형이 단답형으로 변경되었습니다. 질문을 필수로 설정하기 위해서 오른쪽 하단에서 필수의 (토글 스위치)를 클릭하여 필수 질문으로 설정합니다. 질문을 추가하기 위해서 오른쪽 메뉴에서 (질문 추가) 버튼을 클릭합니다.

05 | 새로운 질문에 '이메일 주소'라고 입력하면 객관식 질문에서 단답형으로 변경되며 이름, 연락처와 달리 이메일 주소는 제안사항이 표시됩니다. 질문으로 이메일 주소를 받으려면 이메일 컬렉션 설정 사용을 클릭하지 않고 기본 설정 그대로 질문을 만들면 됩니다. 필수 질문으로 받기 위해서 필수의 (토글 스위치)를 클릭하여 필수 질문으로 설정합니다.

제안사항의 (이메일 컬렉션 설정 사용)을 클릭하면 질문은 사라지고 설문지 설명에 이메일 주소 입력란이 적용됩니다. 이메일 주소 수집의 설정을 변경하려면 (설정 변경)을 클릭하고 해제할 수 있습니다.

Section 06

작성된 이벤트 응모 설문지를 **이메일로 공유하기**

설문지를 이용하여 모든 질문을 완성하면 설문지를 공유하여 설문지의 답변을 받아야 합니다. 기본적으로는 링크를 제공할 수 있고 블로그, 웹사이트 게시글 등에 공유할 수 있으며, 이메일로도 전송하여 설문을 받을 수 있습니다.

01 │ 설문지 작성이 완료되면 설문을 공유해서 설문의 답변을 받아야 합니다. 설문지의 오른쪽 상단에서 (보내기) 버튼을 클릭합니다.

02 │ 설문지 보내기 대화상자가 표시됩니다. 전송용 앱 항목에서 기본적으로 이메일이 선택되어 있습니다. 받는사람에 이메일 주소를 입력합니다. 이메일 주소는 ';' 또는 ','로 구분이 가능하며, 동시에 여러 명의 이메일 주소를 입력할 수 있습니다. 이메일 내용에 설문지를 첨부하기 위해서 '이메일에 설문지 첨부' 체크박스를 체크하고 (보내기) 버튼을 클릭합니다.

〔공동작업자 추가〕를 클릭하여 공동작
업자를 추가할 수 있습니다. 설문지 공
유, 다운로드, 복사, 인쇄 등의 기능을
설정하여 설문지 편집자를 추가할 수
있는 기능을 제공하며 설문지 작성자
와 같은 권한을 부여할 수 있습니다.

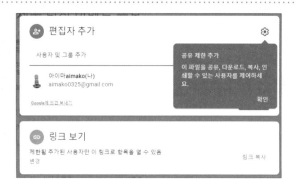

03 | 이메일을 확인하면 설문지 제목 및 설명이 포함되어 있으며, 이메일에서 설문지 내용을 확인하고 답변할
수 있도록 제공합니다. 이메일 상단에 있는 〔GOOGLE 설문지 작성〕 버튼을 클릭하면 새로운 탭에 설문지가 표
시되며 답변이 가능합니다. 이메일에서 모든 설문의 질문에 답변하고 하단에 있는 〔보내기〕 버튼을 클릭하면 설문
이 완료됩니다.

'이메일에 설문지 첨부'를 체크하지 않
는 경우 이메일 내용을 보면 설문지가
포함되어 있지 않고 〔설문지 작성〕 버
튼만 존재하며, 〔설문지 작성〕 버튼을
클릭하면 설문지 페이지로 이동하여
설문에 답을 할 수 있습니다.

Section 07

게시물에 **링크를 이용하여 설문지 삽입하기**

웹사이트나 블로그, SNS 등에 구글 설문지를 사용해야 할 경우 문서에 링크를 삽입하거나 문서 형태를 직접 문서 안에 포함하여 설문을 받을 수 있습니다. 링크와 태그를 이용하여 설문지를 공유 하는 방법을 확인해 보겠습니다.

01 │ 링크를 활용하여 공유하기 위해서 설문지 보내기 대화상자의 전송용 앱에서 (링크) 버튼을 클릭합니다.

02 │ 링크 주소가 하단에 표시되며 드래그하여 Ctrl+C를 눌러 복사하거나 오른쪽 하단에 (복사) 버튼을 클릭 하여 링크를 복사합니다. 이메일 등에 링크를 붙여 넣어 전송할 수 있습니다.

03 │ 네이버 블로그에 게시글로 이동하여 [Ctrl]+[V]를 누르면 링크가 게시글에 붙여 넣어지며 링크에 관한 간단한 설명과 프리뷰가 표시됩니다. 링크에 관련된 정보가 표시되는 것은 네이버의 기능입니다.

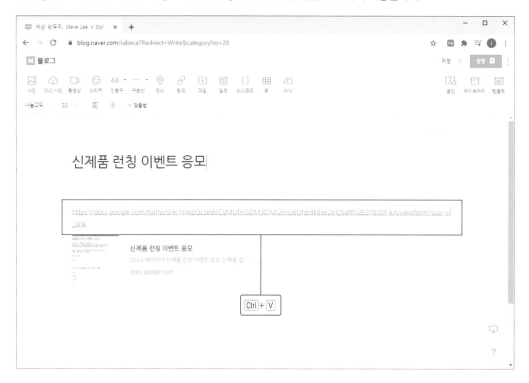

04 │ 이메일이나 게시글에 주소를 붙여 넣을 때 주소가 너무 길다고 생각될 수 있습니다. 이 경우 주소를 줄여 주는 기능을 포함하고 있습니다. 왼쪽 하단에 'URL 단축'의 체크박스를 클릭하면 링크가 자동으로 줄어듭니다. 긴 주소와 같이 주소를 복사하여 사용할 수 있습니다.

Section 08

HTML을 이용하여 **구글 블로거에 설문지 삽입하기**

　게시물을 링크 형태로 제공하는 경우 링크를 클릭해서 이동해야만 설문지에 답변할 수 있습니다. 최근 보안 관련된 문제로 인하여 링크 형태로 설문지를 제공하는 경우 사용자들이 클릭을 하지 않을 수 있습니다. 이런 경우 설문지 자체를 게시물에 삽입하여 제공하는 것이 좋습니다. 일부 사이트나 블로그에는 HTML 형태의 글을 삽입할 수 없는 경우가 있으므로, HTML을 지원하는 곳에서만 사용이 가능합니다.

01 │ 설문지 보내기 대화상자의 전송용 앱에서 (HTML) 버튼을 클릭합니다. 삽입된 HTML로 변경되며 iframe 태그로 HTML이 표시됩니다. 너비와 높이를 설정하면 게시글에 표시되는 설문지의 크기를 조정할 수 있습니다.

02 │ 오른쪽 하단에 있는 (복사) 버튼을 클릭하거나 삽입된 HTML의 iframe 태그를 드래그하여 (Ctrl)+(C)를 눌러서 복사합니다.

03 | 태그를 지원하는 사이트 또는 블로그에 접속하여 태그를 입력하여 게시글 작성 형태를 변경합니다. 구글에서 지원하는 Blogger를 이용하여 작성해 보겠습니다. 브라우저 오른쪽 상단에서 (Google 앱) 버튼을 클릭하고 (Blogger)를 클릭합니다.

04 | Blooger로 이동하여 새로운 글을 작성하기 위해서 왼쪽 상단에서 (새 글) 버튼을 클릭합니다.

05 | 게시글 입력 페이지로 이동하면 메뉴 첫 번째 (새 글 작성 보기) 버튼을 클릭하고 (HTML 보기)를 선택하여 HTML을 입력할 수 있는 게시글 입력창으로 변경합니다.

06 | Ctrl+V를 눌러 복사한 HTML을 게시글에 붙여 넣고 제목도 입력합니다. 오른쪽 상단에 [게시] 버튼을 클릭합니다.

07 | '글을 게시하시겠습니까?'라는 메시지의 대화상자가 표시되면 글을 게시하기 위해서 [확인]을 클릭합니다.

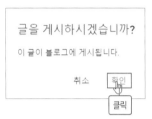

08 | 게시된 글을 확인하면 게시글에 설문지가 표시되기 때문에 별도의 링크를 통해서 새로운 페이지를 열 필요 없이 게시글에서 설문에 답변이 가능합니다.

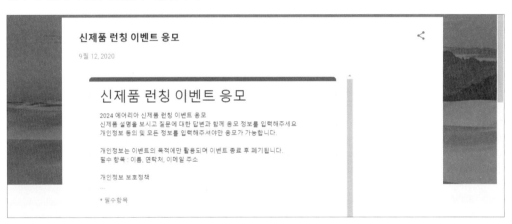

알아두기

설문지 보내기에는 이메일 주소 수집과 페이스북, 트위터로 설문지를 공유하는 기능을 추가적으로 지원하고 있습니다. 이메일 주소 수집을 체크하는 경우 설문지 설명에서 이메일 주소를 수집하도록 변경됩니다. 페이스북과 트위터로 공유할 때는 좀 더 쉽게 각각의 버튼을 클릭하여 활용이 가능합니다.

Section 09

템플릿으로 주문을 요청 받는 구글 설문지 만들기

구글 설문지에는 기본적인 질문과 함께 다양하게 꾸며진 17개의 템플릿을 제공하고 있습니다. 템플릿을 사용하는 경우 기본적인 질문이 포함되어 있으므로 해당 질문을 각각 수정하거나 추가할 수 있습니다.

01 │ 템플릿을 사용하여 구글 설문지를 만들기 위해서 (템플릿 갤러리) 버튼을 클릭합니다.

02 │ 업무 항목에서 (주문 요청)을 클릭합니다.

03 │ 주문 요청 구글 설문지로 이동하면 주문 설문의 제목과 설명을 입력합니다.

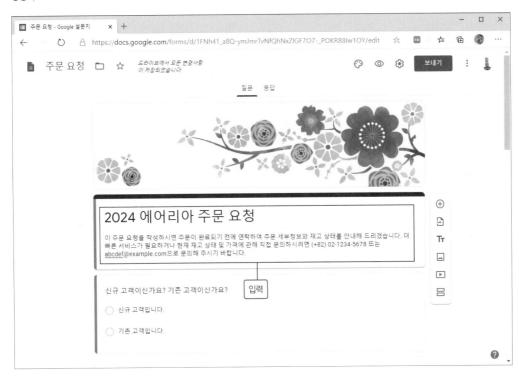

04 │ 첫 번째 고객 질문 다음 질문을 클릭하고 질문에 대한 내용을 변경합니다. 질문 유형 리스트박스에서 (드롭 다운)으로 지정합니다. 옵션을 입력한 다음 필수 항목으로 설정하기 위해서 필수의 (토글 스위치)를 클릭합니다.

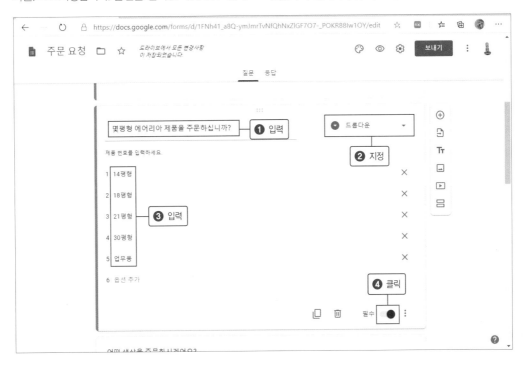

05 | 다음 질문에서 다중 선택이 가능하도록 질문 유형을 (체크박스)로 지정하고 질문 및 옵션을 입력합니다. 필수 항목으로 설정하기 위해서 필수의 (토글 스위치)를 클릭합니다.

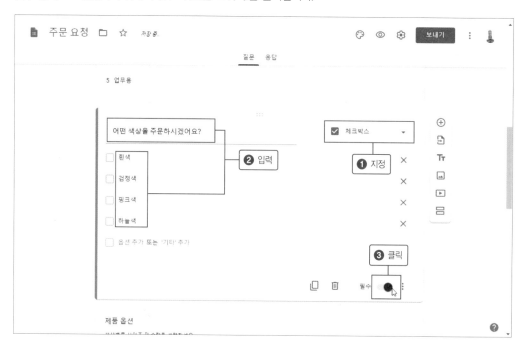

06 | 장문형으로 고객이 직접 입력 가능하도록 질문과 설명을 입력하면 자동으로 질문 유형은 장문형으로 변경됩니다. 간단하게 제품 구입 관련 설문을 완성하였습니다.

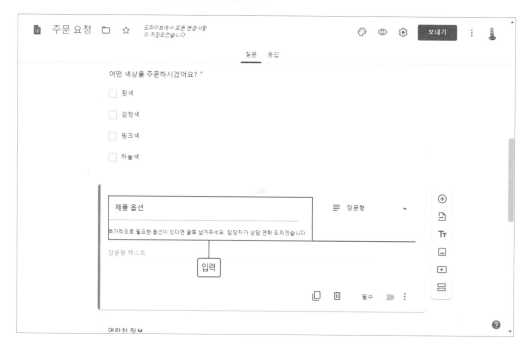

Section 10

다양한 질문 유형을 이용한 **만족도 설문지 만들기**

설문을 많이 활용하는 분야는 만족도 조사나 평가 부분이라고 할 수 있습니다. 세미나 행사를 진행한다고 하면 항상 고객의 만족도를 평가하고 그 평가 결과를 통하여 향후 세미나 진행에 반영하거나 운영 및 결과 보고에 사용합니다. 구글 설문을 이용하여 세미나 만족도 설문지를 만들어 보겠습니다.

01 │ 새로운 설문지를 만들고 설문 제목과 설명을 입력합니다. 첫 번째 질문으로 전체적인 만족도를 조사하기 위해서 5점 척도의 직선 단계 질문 유형을 사용합니다. 질문을 입력하고 질문 유형 리스트 박스에서 [직선 단계]를 선택합니다.

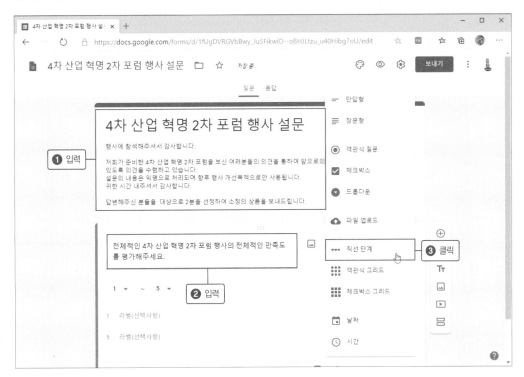

02 | 직선 단계는 만족도를 선택하는 단계로 답변을 받을 수 있으므로 1~5로 지정하고 1과 5에 각각 표시할 옵션을 입력합니다. 1은 '만족하지 않는다', 5는 '매우 만족한다'로 입력하여 선택 시 높은 점수가 만족한다에 가깝다는 것을 알려 줍니다. 오른쪽 하단에 필수의 [토글 스위치]를 클릭하여 필수 질문으로 설정하고 오른쪽 메뉴에서 [질문 추가] 버튼을 클릭합니다.

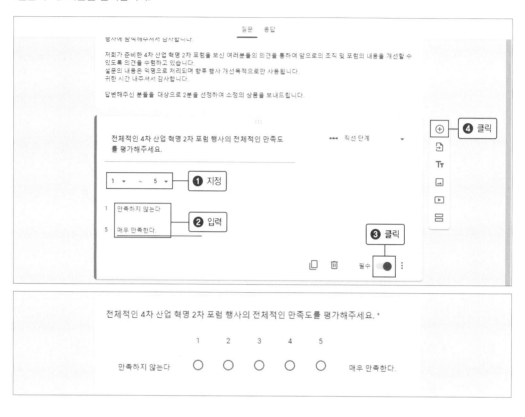

03 | 다수의 답변을 받을 때는 체크박스를 활용해야 합니다. 행사 참석 이유는 다수의 답변을 받을 수 있도록 질문 유형 리스트 박스에서 [체크박스]를 선택합니다.

04 | 질문과 각각의 옵션에 내용을 입력하고 오른쪽 아래에 있는 필수의 (토글 스위치)를 클릭하여 필수 항목으로 설정합니다. 질문이 완료되면 오른쪽 메뉴에서 (질문 추가)를 클릭합니다.

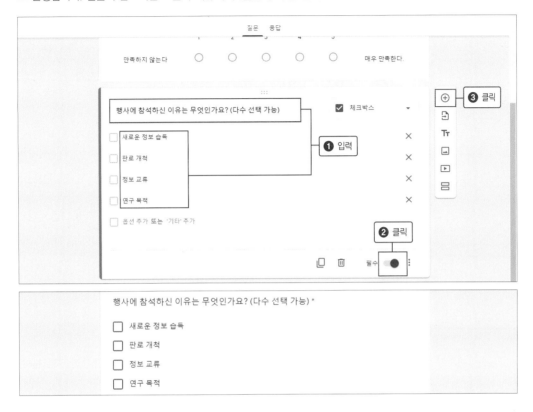

05 | 다수의 답변을 5점 척도 형태로 받기 위해서 질문 유형 리스트 박스에서 (객관식 그리드)를 선택합니다.

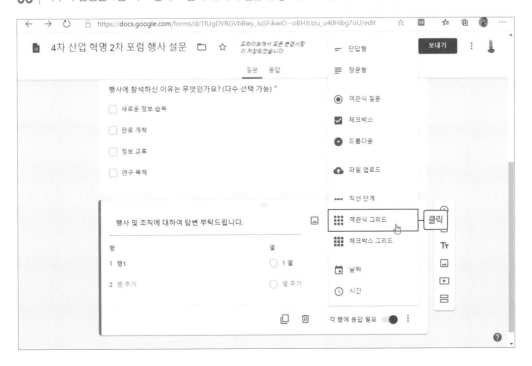

06 | 질문을 입력한 다음 답변을 받을 각각의 항목을 행에 입력하고 답변 받을 내용을 열에 입력합니다. 점수로 결과를 받기 위해서 열에는 1에서부터 5까지 각각의 숫자를 입력합니다. 모든 질문에 답변을 하도록 하기 위해서 오른쪽 하단에 있는 '각 행에 응답 필요'의 (토글 스위치)를 클릭하여 설정합니다.

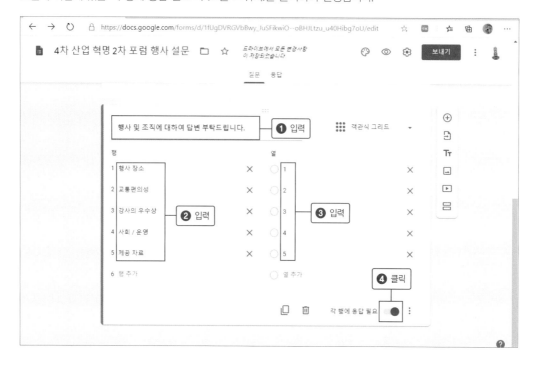

07 | 질문에 대한 답변 즉 열에 대한 내용의 설명이 필요하기 때문에 설명을 추가하기 위해서 오른쪽 하단에 있는 (게재) 버튼을 클릭하고 (설명)을 선택합니다.

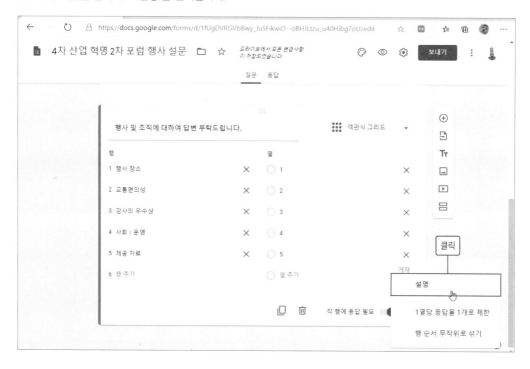

08 | 질문 하단에 설명란이 추가되었으며 1점은 '만족하지 않습니다.', 5점은 '매우 만족합니다.'라고 입력하여 열에 대한 범례를 설명합니다. 질문을 추가하기 위해서 오른쪽 메뉴에서 〔질문 추가〕 버튼을 클릭합니다.

09 | 그림과 같이 자유로운 의견을 받을 수 있도록 질문 내용을 입력하면 질문 유형은 자동으로 장문형으로 변경되며, 필수가 아닌 질문으로 필수 설정은 하지 않습니다. 질문을 추가하기 위해서 오른쪽 메뉴에서 (질문 추가) 버튼을 클릭합니다.

10 | 마지막 질문으로 참석한 날짜를 답변 받기 위해서 질문을 입력하고 질문 유형 리스트 박스에서 (날짜)를 지정합니다. 필수 질문으로 설정하기 위해서 오른쪽 하단에 있는 필수의 (토글 스위치)를 클릭합니다.

Section 11

테스트로 활용할 수 있는 **퀴즈형 구글 설문지 만들기**

구글 설문지는 평가나 테스트에 사용할 수 있는 기능으로 퀴즈 설정을 지원합니다. 설정에는 일반, 프레젠테이션, 퀴즈 세 가지를 지원하며 퀴즈는 평가와 함께 점수 평가도 가능합니다. 평가로 사용할 때는 사용자 정보를 받아야 하며 응답 횟수를 1회로 제한하는 것이 좋습니다.

01 │ 새로운 구글 설문지를 만들고 설정을 변경하기 위해서 오른쪽 상단에 있는 (설정) 버튼을 클릭합니다.

02 │ 설정 대화상자가 표시되면 (퀴즈) 탭을 클릭하고 설문을 퀴즈로 만들기 위해서 퀴즈로 만들기의 (토글 스위치)를 클릭하여 퀴즈로 설문지 형태를 변경합니다. 성적 공개는 설문 제출한 뒤에 바로 확인 가능하도록 (제출 후 바로 공개)를 선택하고 응답자가 볼 수 있는 항목도 모두 체크 표시합니다. 설정이 완료되면 (저장)을 클릭합니다.

구글 설문지 설정 중 프레젠테이션은 설문 진행에 관련된 진행률 또는 질문 무작위 섞기 등을 설정할 수 있으며 응답 관련 확인 메시지 설정도 가능합니다.

03 │ 퀴즈 설정으로 변경하면 질문 왼쪽 하단에 답안 항목이 추가됩니다. 설문의 제목과 내용을 입력하고, 질문과 질문에 대한 내용도 모두 입력합니다.

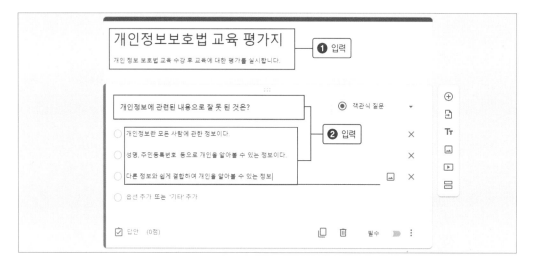

04 │ 답안을 설정하기 위해서 질문의 왼쪽 하단에 [답안]을 클릭합니다.

05 | 답안을 선택하고 점수도 입력합니다. 답안에는 색상이 변경되며 체크 표시가 적용됩니다. 정답과 오답에 대한 설명을 추가하기 위해서 (답변 관련 의견 추가)를 클릭합니다.

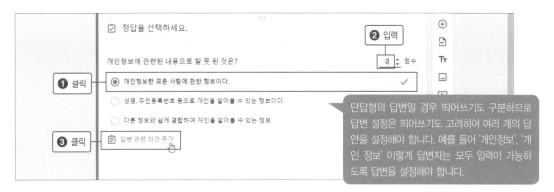

06 | 의견 추가 대화상자가 표시되면 잘못된 답변에 대한 설명을 입력하고, 정답에 대한 의견도 입력하기 위해서 (정답) 탭을 클릭합니다.

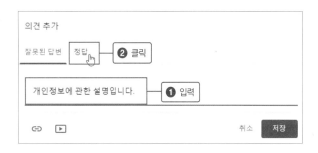

07 | 정답에 관련된 의견을 입력하고 답변에 관련된 설정을 완료하기 위해서 (저장) 버튼을 클릭합니다.

08 | 정답에 색상이 변경되고 체크가 표시됩니다. 질문의 하단에 정답과 오답에 관련된 의견이 적용되며 수정 및 삭제도 가능합니다.

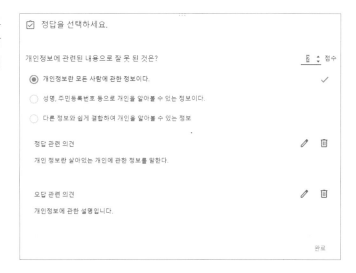

09 | 설문에 답변을 완료하고 설문이 완료되면 [제출] 버튼을 클릭합니다. 예시는 오답을 선택하여 제출한 상태입니다.

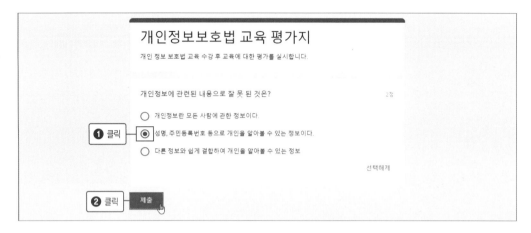

10 | 설문을 제출하면 [점수 보기] 버튼이 표시되며 [점수 보기] 버튼을 클릭하여 답변과 점수를 확인할 수 있습니다.

11 | 오답을 선택하면 틀렸다는 표시와 함께 하단에 정답과 의견이 표시됩니다.

Section **12**

구글 설문 **결과 확인하고 스프레드시트로 분석하기**

설문의 응답자가 소수라면 직접 보고 분석이 가능할 수 있지만 설문의 결과를 확인하기 위해서는 스프레드시트에서 답변 결과를 확인할 필요가 있습니다. 스프레드시트에서 설문을 삽입할 수도 있고 스프레드시트로 결과를 보낼 수도 있습니다.

01 │ 설문의 답변을 확인하기 위해서 [응답]을 클릭합니다. 응답 오른쪽에 표시된 숫자는 응답자의 숫자입니다.

02 │ 응답 숫자와 응답에 대한 요약을 확인할 수 있습니다. 요약된 내용에는 질문 유형에 따라서 그래프 형태로 결과를 보여 주기도 합니다.

03 │ 스프레드시트에서 결과를 확인하기 위해서 질문의 오른쪽에서 (스프레드시트에서 응답 보기) 버튼을 클릭합니다.

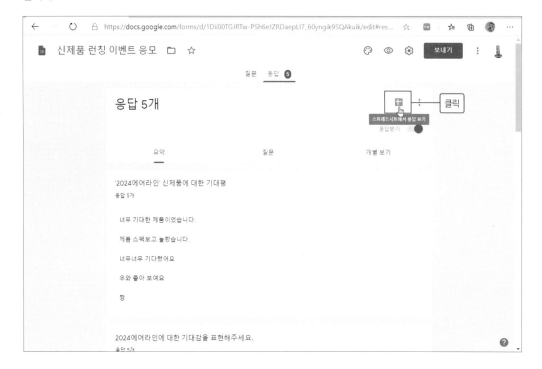

04 │ 구글 스프레드시트에서 질문별 답변한 결과를 확인할 수 있고 타임스탬프에 답변하여 제출한 시간이 기록됩니다.

Section **13**

주제에 맞게 **설문지 컬러 변경하기**

설문지의 기본적인 색상을 사용할 수 있지만, 기업의 아이덴티티에 맞추거나 특별한 목적으로 컬러를 변경하여 좀 더 효과적인 설문지를 만들 수 있습니다.

01 | 설문지를 꾸미기 위해서 오른쪽 상단에 있는 [테마 맞춤설정] 버튼을 클릭합니다.

02 | 테마 옵션 메뉴가 오른쪽에 표시됩니다. 테마 색상에서 [녹청색]을 선택하면 배경 색상도 녹청색을 기준으로 변경됩니다. 배경 색상을 보면 연한 색이 선택되어 있는 것을 확인할 수 있습니다.

03 | 배경 색상에는 녹청색을 기준으로 3개의 색상과 회색이 표시됩니다. 3개의 색상 중에서 가장 어두운 색상인 (어두움)을 선택합니다. 배경색이 좀 더 어두워진 것을 확인할 수 있습니다.

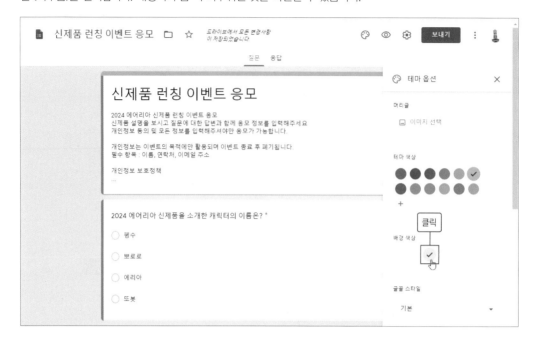

알아두기 글꼴 스타일은 기본, 장식용, 격식, 경쾌함 총 네 가지를 지원하며 질문이나 문서 제목만 해당 서체로 변경됩니다.

기본

격식

장식용

경쾌함

04 │ 기본적으로 제공하는 12개의 색상 외에 다른 색상을 지정해야 한다면 테마 색상에서 (맞춤 색상 추가) 버튼을 클릭합니다.

05 │ 색상 피커를 활용해서 선택하거나 16진수 컬러 코드를 입력한 다음 (추가)를 클릭하여 적용합니다.

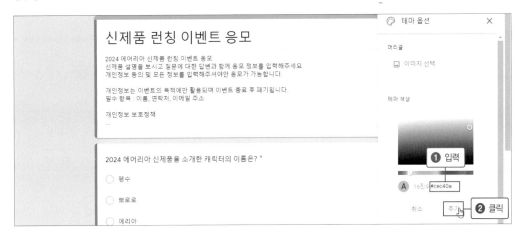

06 │ 자동으로 선택한 테마 색상으로 변경됩니다. 배경 색상은 지정한 배경 색상을 연하게 처리한 색상으로 적용되며 3개의 색상 중에서 선택하거나 회색만 선택할 수 있습니다.

Section 14

테마 이미지를 사용하여 **설문지 머리글 꾸미기**

　　기본적인 설문지는 설문의 내용이 바로 페이지에서 보여집니다. 다른 설문과 차별화하기 위해서는 머리글 기능을 이용하여 이미지를 적용할 수 있으며 기본적으로 구글에서는 여러 가지 테마를 지원합니다. 필요 시 직접 이미지를 등록하거나 사진 앱에 등록된 사진을 사용할 수 있습니다.

01 │ 설문지 오른쪽 상단에서 (테마 맞춤설정) 버튼을 클릭합니다. 머리글에서 (이미지 선택) 버튼을 클릭합니다.

02 │ 머리글 선택 대화상자가 표시되면 (테마) 탭에서 (생일)을 선택합니다. 생일에 관련된 이미지가 표시됩니다. 여러 이미지 중 풍선이 있는 두 번째 줄의 이미지를 클릭합니다.

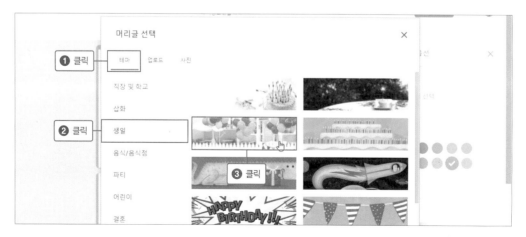

03 | 클릭한 이미지가 선택되고 파란색 테두리가 표시됩니다. 왼쪽 하단에 (닫기) 버튼을 클릭하면 선택이 취소되며 선택한 이미지를 적용하려면 오른쪽 하단에 (삽입)을 클릭합니다.

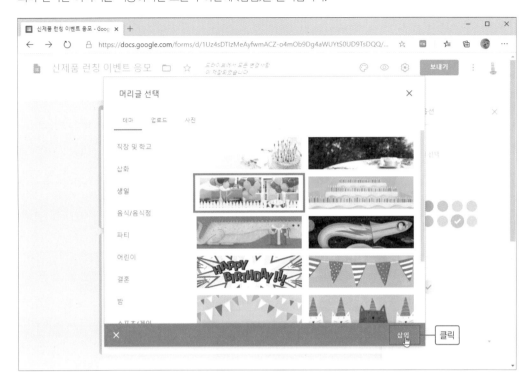

04 | 설문지 위쪽에 선택한 테마 이미지로 변경되었으며 관련된 이미지의 색상에 따라 배경 색상도 변경되었습니다. 실제 설문지에서 적용되는 모습을 확인하기 위해서 오른쪽 상단에서 (미리보기) 버튼을 클릭합니다.

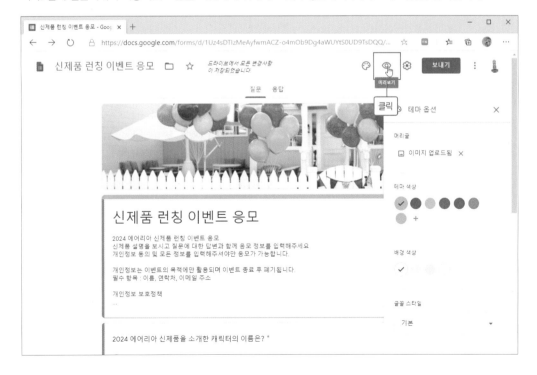

05 │ 미리보기 화면으로 이동하였습니다. 머리글에 해당하는 이미지와 테마 색상이 적용된 것을 확인할 수 있습니다.

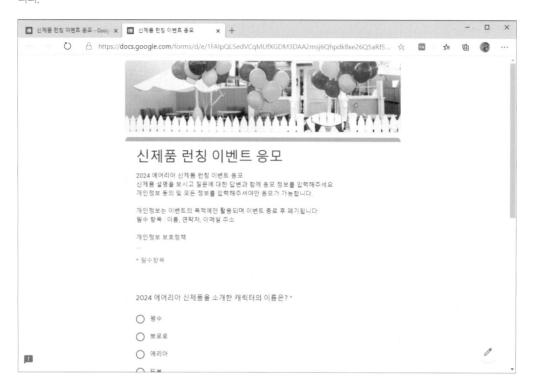

알아두기 │ 적용된 머리글의 이미지를 삭제하려는 경우 머리글의 이미지 업로드됨 오른쪽에 있는 (닫기) 버튼을 클릭하면 제거됩니다.

Section 15

구글 사진 앱을 활용하여 설문지 머리글 꾸미기

구글 사진 앱을 활용하여 자주 사용하는 이미지는 등록하고 활용할 수 있습니다. 기본적으로 제공되는 구글 앱은 고해상도 원본 이미지가 아니라면 용량을 무제한으로 제공하여 이미지 등록이 가능합니다.

01 │ 브라우저에서 (Google 앱) 버튼을 클릭하고 (사진)을 클릭합니다.

02 │ 사진을 등록하고 관리가 가능하며 Google 포토에 등록된 이미지는 구글 설문지에서 쉽게 활용이 가능합니다.

03 │ 구글 설문지의 머리글 이미지를 변경하기 위해서 (테마 맞춤설정) 버튼을 클릭하고 머리글에서 (이미지 업로드됨) 버튼을 클릭합니다.

04 │ 머리글 선택 대화상자에서 (사진) 탭을 클릭하면 Google 포토 앱에 등록되어 있는 이미지가 표시됩니다.

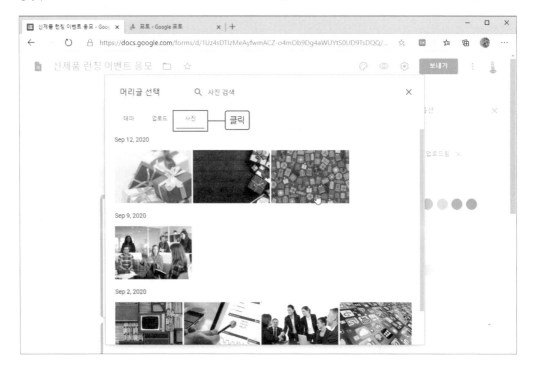

05 | 사진 항목에서 원하는 이미지를 선택하고 오른쪽 하단에 (삽입)을 클릭합니다.

06 | 머리글 부분에 보여질 이미지의 영역을 설정하고 (완료)를 클릭하여 적용합니다.

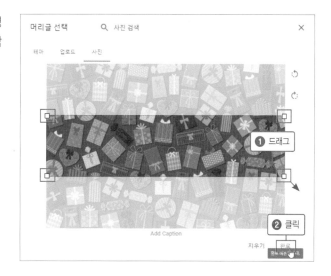

07 | 선택한 이미지가 머리글로 적용된 것을 확인할 수 있습니다.

영상 자료 편집을 위한
유튜브 영상 편집기

별도의 영상 편집 프로그램을 사용하지 않아도 구글의 유튜브 동영상 편집기를 이용하면 간단하게 동영상 편집이 가능합니다. 구글 스튜디오에서 동영상 편집기를 이용하면 유튜브에 영상을 업로드해 채널별로 영상을 저장할 수 있을 뿐만 아니라 불필요한 부분은 편집이 가능하고, 간단하게 자막 작업도 가능합니다. 물론 편집된 동영상을 다운로드해 내 컴퓨터에 영상 파일로 저장도 가능합니다.

Part 9

Section **01**

구글 동영상 편집기 구성 미리보기

별도의 영상 편집 프로그램을 사용하지 않아도 유튜브에서 기본으로 제공하는 영상 편집 기능으로 간단하게 영상 수정이 가능합니다. 먼저 영상을 유튜브에 업로드한 다음 수정 기능으로 영상을 편집해 보세요.

❶ **채널 동영상** : 채널 동영상 화면으로 이동합니다.

❷ **유튜브에서 보기** : 표시된 영상을 유튜브 화면에서 재생합니다.

❸ **세부 정보** : 동영상 제목과 설명, 미리보기 이미지 설정 등 세부 정보를 지정합니다.

❹ **분석** : 영상의 조회수와 시청 지속 시간, 시청자층 등 영상을 분석합니다.

❺ **편집기** : 영상을 자르거나 붙이는 컷 편집을 할 수 있는 동영상 편집기를 표시합니다.

❻ **댓글** : 동영상 댓글을 표시합니다.

❼ **자막** : 언어를 선택하여 자막을 만듭니다.

❽ **실행취소/재실행** : 적용한 기능을 재실행하거나 실행을 취소할 수 있습니다.

❾ **자르기** : 영상 클립을 자릅니다.

❿ **선택 시간 표시** : 현재 시간표시자가 위치한 시간을 표시합니다.

⓫ **크기 조정** : 영상 미리보기 창 크기를 조정합니다.

⑫ 영상 클립 : 동영상 클립이 위치합니다.

⑬ 시간표시자 : 클립 위를 드래그하여 영상 시간이나 장면을 확인합니다.

⑭ 비디오 클립 : 동영상을 불러오면 영상 클립이 트랙에 표시됩니다.

⑮ 오디오 클립 : 영상에 포함되어 있는 오디오 클립이 트랙에 표시됩니다.

⑯ 트랙 축소/확대 : 트랙을 축소 또는 확대하여 클립을 확인할 수 있습니다.

⑰ 만들기 : 동영상 업로드와 실시간 스트리밍 시작 기능을 제공합니다.

⑱ 동영상 업로드 : 내 채널에 동영상 정보를 입력하고 업로드합니다.

⑲ 실시간 스트리밍 시작 : 실시간으로 유튜브 생방송을 진행합니다.

Section 02

스마트폰 촬영 영상을 **케이블로 내 PC에 전송하기**

　스마트폰으로 촬영한 영상을 내 PC로 전송하거나 PC에서 편집한 영상을 스마트폰으로 전송하기 위해서는 번거로운 과정을 거쳐야 합니다. 여기서는 케이블을 이용하여 간단하게 스마트폰으로 촬영한 영상을 전송하는 방법에 대해 알아봅니다.

01 │ 스마트폰과 내 PC를 스마트폰 구매 시 함께 제공하는 케이블을 이용하여 연결합니다. 기본으로 아이폰은 8핀 케이블, 삼성 갤럭시나 LG폰은 5핀 케이블, C형을 사용합니다.

02 │ 아이폰의 경우 기기가 사진 및 비디오에 접근하도록 허용하는 메시지가 표시되면 (신뢰) 버튼을 터치합니다.

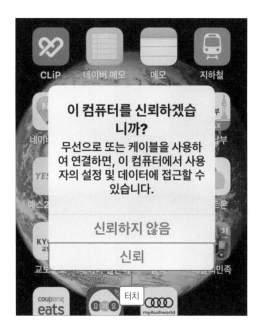

03 | 장치 및 드라이브에 연결된 스마트폰의 드라이브가 표시됩니다. 해당 폴더를 더블클릭합니다.

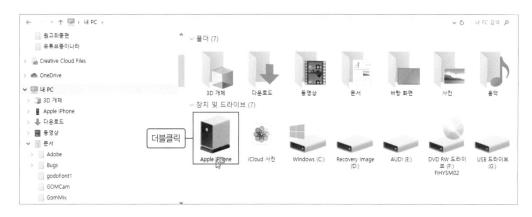

04 | 영상 파일이 저장된 폴더가 표시되면 해당 폴더를 더블클릭합니다.

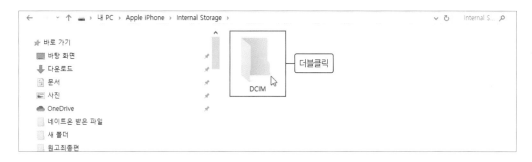

05 | 영상이 저장된 폴더에는 촬영한 영상이 파일로 저장되어 있습니다. PC로 전송하려는 영상 파일들을 Shift
를 누른 상태에서 선택한 다음 PC의 폴더로 드래그합니다.

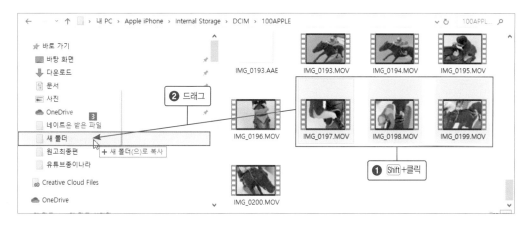

06 | 스마트폰 드라이브에 저장된 영상 파일이 내 PC의 폴더로 전
송됩니다.

Section 03

영상 편집을 위한 준비, **동영상 업로드하기**

유튜브 스튜디오를 이용하여 영상을 편집하기 위해서는 먼저 영상을 업로드해야 합니다. 편집 전의 영상이므로, 비공개로 영상을 설정하고 동영상을 업로드합니다.

01 | 웹 브라우저에서 유튜브 사이트(www.youtube.com)로 이동합니다. 화면 오른쪽 상단의 (만들기) 버튼을 클릭하고 팝업 메뉴에서 (동영상 업로드)를 선택합니다.

02 | 업로드 화면이 표시되면 (파일 선택) 버튼을 클릭합니다. 열기 대화상자가 표시되면 유튜브에 올릴 동영상 파일을 선택한 다음 (열기) 버튼을 클릭합니다.

03 │ 세부정보 창에 영상 제목(필수 항목)과 설명을 입력합니다.

04 │ 시청자층 항목에서 업로드하려는 동영상의 시청자층을 선택합니다. 예제에서는 〔아니요, 아동용이 아닙니다〕를 선택하고 〔옵션 더보기〕를 클릭합니다.

05 | 동영상 요소 항목이 표시되면 기본 설정을 적용하기 위해 (다음) 버튼을 클릭합니다.

06 | 공개 상태 항목에서 공개 정도를 선택합니다. 예제에서는 영상 편집 전이므로 나만 볼 수 있도록 (비공개)를 선택한 다음 (저장) 버튼을 클릭합니다.

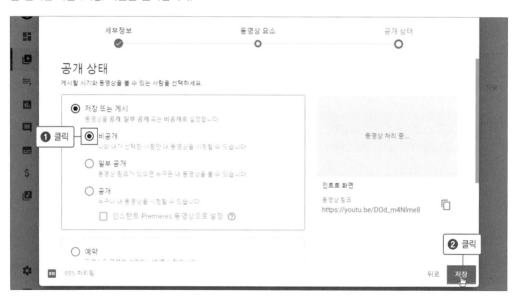

07 | 동영상 처리 중 대화상자가 표시되며, 업로드한 동영상이 표준 화질로 변환 처리됩니다. 변환이 완료되면 (닫기)를 클릭합니다.

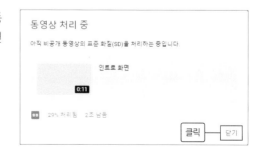

Section 04

유튜브 스튜디오에서 **불필요한 영상 자르기**

유튜브 스튜디오를 이용하면 영상을 보다 간편하고 편리하게 관리, 편집할 수 있는 기능을 제공하고 있습니다. 업로드한 영상에서 불필요한 영역을 설정한 다음 자르는 방법에 대해 알아봅니다.

01 | 영상이 업로드되었다면 채널 동영상 화면에서 편집하려는 동영상의 미리보기 화면을 클릭하여 정보를 확인합니다.

02 | 동영상 세부 정보 화면에서 업로드한 동영상의 제목과 설명, 동영상 프레임을 확인할 수 있습니다. 영상을 편집하기 위해 (편집기)를 클릭합니다.

03 | 동영상 편집기 화면이 표시되면 (시작하기) 버튼을 클릭합니다.

04 | 그림과 같이 편집하려는 동영상이 표시됩니다. 화면 상단에는 미리보기 화면이, 화면 하단에는 프레임 형태로 영상을 보여 주는 타임라인이 위치해 있습니다.

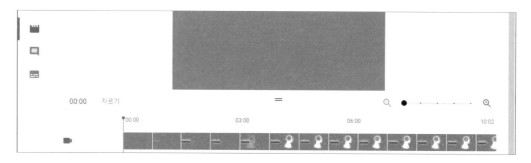

05 | 시간표시자를 좌우로 드래그해 보면 해당 부분의 영상이 미리보기 화면에 표시되는 것을 확인할 수 있습니다.

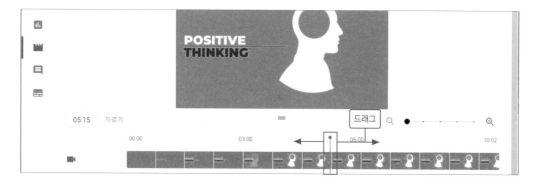

06 | 화면 비율 슬라이더를 오른쪽으로 드래그하면 타임라인의 단위가 더 세밀하게 늘어나는 것을 확인합니다. 시간표시자를 (04:00)으로 위치시키고 (자르기)를 클릭합니다.

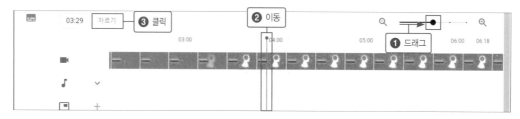

07 | 화면을 분할하기 위해 (분할)을 클릭합니다.

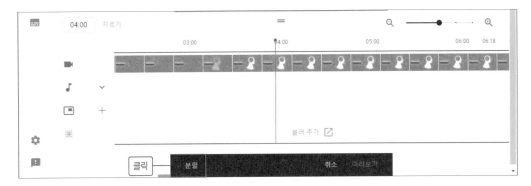

08 | 화면이 분할되면 삭제할 부분을 지정합니다. 예제에서는 분할선을 왼쪽으로 드래그하여 시작 부분을 삭제 영역으로 지정합니다.

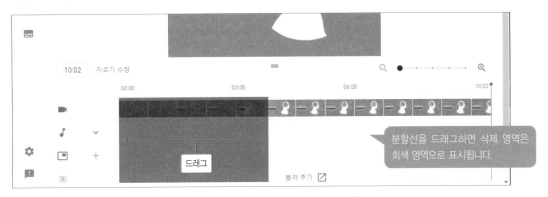

09 | 앞부분이 삭제된 영상을 저장하기 위해 (옵션) 버튼을 클릭한 다음 (새 동영상으로 저장)을 선택합니다.

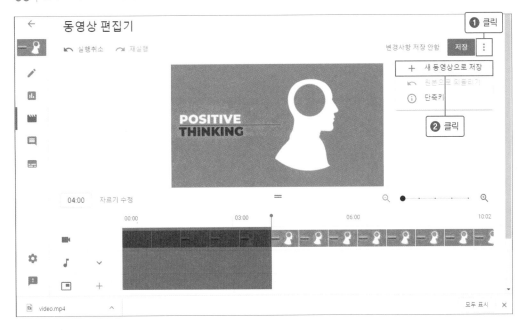

10 │ 새 동영상으로 저장 대화상자가 표시되면 저장 또는
게시 항목을 (비공개)로 선택한 다음 (새 동영상으로 저장)을
클릭합니다.

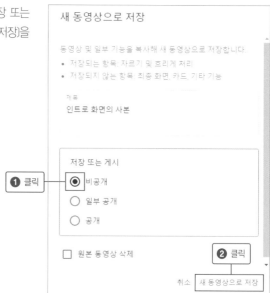

11 │ 채널 동영상 화면에서 편집 저장된 영상의 (옵션) 버튼을 클릭한 다음 (오프라인 저장)을 선택합니다. 동영상
파일로 PC에 저장되는 것을 확인할 수 있습니다.

12 │ PC에 저장된 동영상을 확인해 보면 편집
동영상이 재생되는 것을 확인할 수 있습니다.

Section 05

원하는 위치에 **원하는 자막 넣기**

유튜브 스튜디오에서 자막 기능을 이용하면 영상에 바로 간단하게 기본 자막을 넣을 수 있습니다. 자막을 입력한 다음 원하는 길이와 위치로 자막 클립을 조정하여 영상에 자막을 넣는 방법에 대해 알아봅니다.

01 | 자막을 입력할 영상을 업로드한 다음 유튜브 스튜디오에서 동영상 세부 정보에서 (편집기)를 클릭합니다.

02 | 동영상 편집기에서 자막을 입력하기 위해 (자막)을 클릭합니다.

03 | 동영상 자막이 표시되면 언어를 선택합니다. 예제에서는 (한국어)를 선택한 다음 (확인)을 클릭합니다.

04 | 선택한 언어로 자막을 추가하기 위해 (추가)를 클릭합니다.

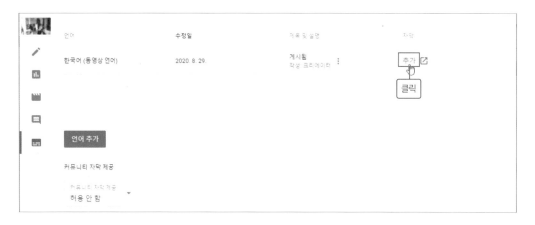

05 | 업로드한 영상이 표시되며, 자막 관리 화면이 표시되면 (새 자막 만들기)를 클릭합니다.

06 | 영상에 추가할 자막을 입력창에 입력한 다음 [+] 버튼을 클릭합니다. 영상 하단에 자막이 표시됩니다.

07 | 자막 클립이 만들어지면 자막 클립을 클릭한 다음 원하는 위치로 드래그합니다.

08 | 영상의 다른 위치에 자막을 추가하여 삽입하려면 입력창에 문자를 추가 입력한 다음 [+] 버튼을 클릭합니다.

만약 자막이 표시되는 시간을 늘리려면 자막 클립 양쪽을 드래그하여 원하는 만큼 늘립니다.

09 | 자막 클립이 표시되면 자막 클립을 드래그하여 원하는 영상의 위치로 이동시킵니다. 자막 입력을 마치면 (변경사항 저장) 버튼을 클릭하여 저장합니다.

10 | 유튜브 스튜디오 화면으로 이동한 다음 (동영상)을 클릭하여 채널 동영상 화면을 표시합니다. 자막을 넣은 영상의 (옵션) 버튼을 클릭해 (오프라인 저장)을 선택하여 내 PC에 저장할 수 있습니다.

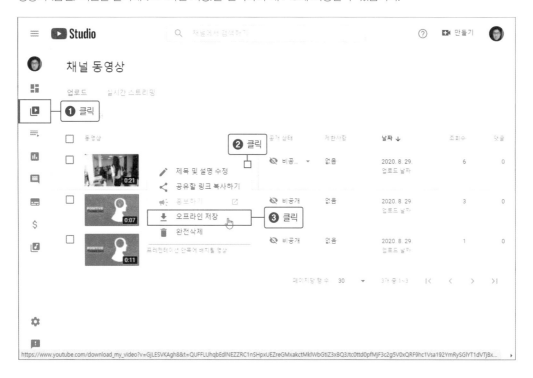

Section **06**

여러 개의 영상을 **하나의 영상으로 연결하기**

여러 개의 동영상을 하나의 동영상으로 연결하여 저장하기 위해서는 비디오 편집기를 이용합니다.
연결하려는 동영상 파일을 불러와 위치시킨 다음 파일 품질을 지정하고 저장합니다.

01 | 첫 번째 영상 파일을 마우스 오른쪽 버튼을 클릭해 팝업 메뉴에서 (연결 프로그램) → (사진)을 선택합니다.

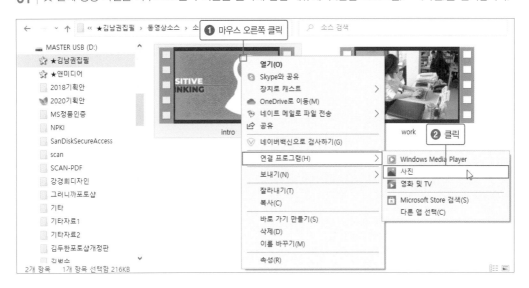

02 | 비디오 편집기를 실행하기 위해 (편집 및 만들기)를 클릭합니다.

03 | 팝업 메뉴에서 (텍스트가 있는 비디오 만들기)를 선택합니다.

04 | 비디오 이름 지정 대화상자가 표시되면 '통합비디오'라고 입력한 다음 (확인) 버튼을 클릭합니다. (〉) 버튼을 클릭하여 메뉴를 표시합니다.

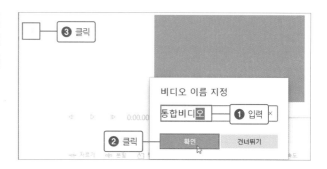

05 | 프로젝트 라이브러리가 표시되며, 추가로 합치려는 동영상을 불러오기 위해 (+추가) → (이 PC에서)를 선택합니다.

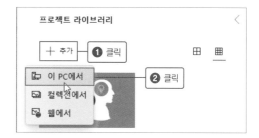

06 | 열기 대화상자에서 추가하려는 동영상 파일을 선택한 다음 (열기) 버튼을 클릭합니다.

07 | 프로젝트 라이브러리에 선택한 동영상 파일이 추가되었습니다. 추가된 동영상 파일을 기존 동영상 오른쪽 타임라인으로 드래그합니다. 파일을 저장하기 위해 (비디오 마침)을 클릭합니다.

08 | 비디오 마침 대화상자가 표시되면 비디오 화질 옵션을 지정하고 (내보내기) 버튼을 클릭합니다.

09 | 다른 이름으로 저장 대화상자가 표시되면 파일 이름을 입력하고 (내보내기) 버튼을 클릭하여 연결된 동영상을 저장합니다.

Section **07**

구글 스크린케스티파이 구성 미리보기

　구글 스크린케스티파이를 사용하면 내 컴퓨터 화면에서 실행되는 프로그램을 동영상으로 캡처할 수 있습니다. 주로 웹사이트의 사용 방법이나 프로그램 사용 설명서 등을 동영상으로 작성하여 배포할 때 사용합니다.

❶ **작업 화면 미리보기** : 영상 편집 작업 화면을 미리 보여 줍니다.

❷ **자르기** : 영상의 불필요한 부분을 자릅니다.

❸ **크롭** : 영상의 특정 영역을 지정한 다음 자릅니다.

❹ **확대** : 영상을 특정 부분을 확대합니다.

❺ **타이틀** : 영상에 문자를 입력합니다.

❻ **삭제** : 불필요한 영상 클립을 삭제합니다.

❼ **재생 버튼** : 영상을 재생합니다.

❽ **줌 슬라이더** : 타임라인에 위치한 클립을 확대하거나 축소합니다.

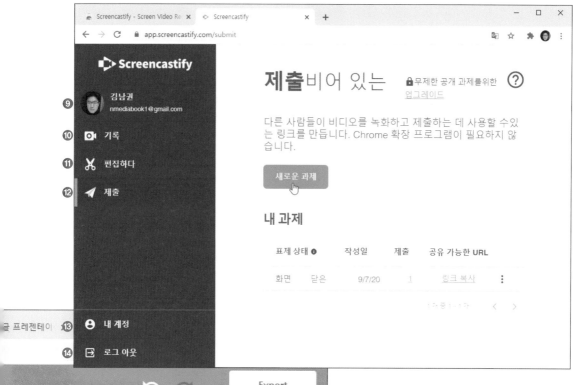

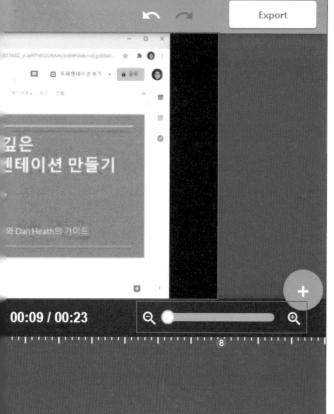

⑨ 계정 : Screencastify 사용 계정을 표시합니다.

⑩ 기록 : 동영상 캡처 작업 결과물을 저장합니다.

⑪ 편집하다 : 캡처된 동영상을 컷 편집하거나 문자를 입력하여 타이틀 작업을 합니다.

⑫ 제출 : 웹캠 영상이나 내 컴퓨터 화면의 동영상을 녹화합니다.

⑬ 내 계정 : 내 계정을 표시하고, 무료 및 유료 가입 상황을 표시합니다.

⑭ 로그아웃 : 현재 로그인된 계정을 로그아웃합니다.

⑮ 영상 클립 : 영상을 썸네일 형태로 표시하며, 클립을 이용하여 컷 편집을 할 수 있습니다.

Section **08**

화면 동영상 캡처를 위한 스크린케스티파이 설정하기

내 컴퓨터 화면의 동영상을 캡처하기 위해 먼저 스크린케스티파이 프로그램의 계정 사용와 환경 설정을 합니다.

01 | 구글 검색창에 'screencastify'를 입력한 다음 검색 결과에서 첫 번째 (Screencastify Video Recorder) 검색 결과 사이트를 클릭합니다.

02 | 구글 스크린케스티파이를 크롬에 추가하기 위해 (Chrome에 추가) 버튼을 클릭합니다.

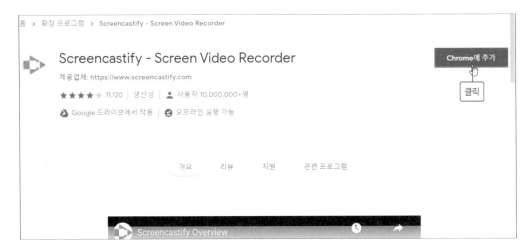

03 | Screencastify – Screen Video Recorder를 추가할 것인지 묻는 대화상자가 표시되면 (확장 프로그램 추가) 버튼을 클릭합니다.

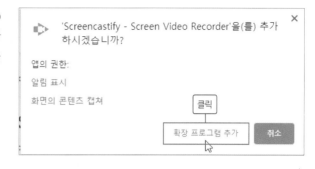

04 | 구글 크롬 브라우저에서 (확장 프로그램) 버튼을 클릭한 다음 (Screencastify – Screen Video Recorder)를 선택합니다.

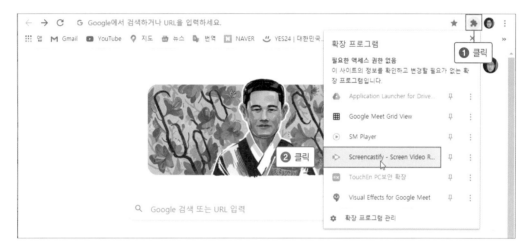

05 | 프로그램이 실행되며 Screencastify 설정 화면에서 Google로 로그인하기 위해 (Google로 로그인) 버튼을 클릭합니다.

06 | 계속 Google 계정으로 로그인하기 위해 (Google로 로그인) 버튼을 클릭합니다.

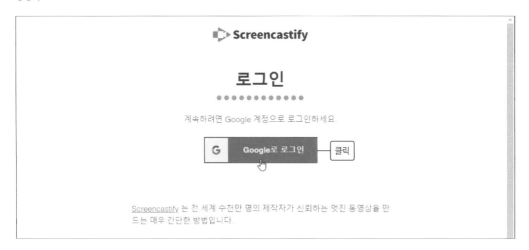

07 | 계정 선택 대화상자가 표시되면 사용자의 계정을 선택합니다. 만약 다른 계정으로 로그인하려면 (다른 계정 사용)을 클릭합니다.

08 | Screencastify에서 Google 계정에 액세스하기 위해 (허용) 버튼을 클릭합니다.

09 | 화면에 1단계 권한 설정이 표시됩니다. 카메라 및 마이크, 그리기 및 주석 도구 사용의 권한을 활성화하기 위해 (다음) 버튼을 클릭합니다.

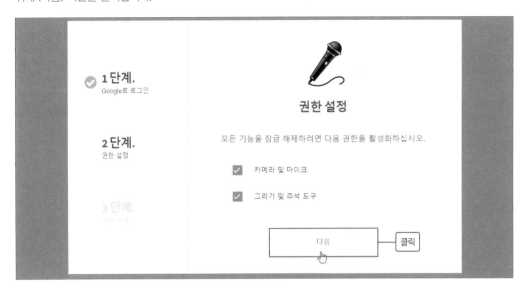

10 | Screencastify – Screen Video Recorder가 추가 승인을 요청하는 대화상자가 표시되면 (허용) 버튼을 클릭합니다.

11 | 자기 소개 화면에서 자신의 작업 분류를 선택하는 옵션이 표시되면 작업자 분류 항목을 선택합니다.

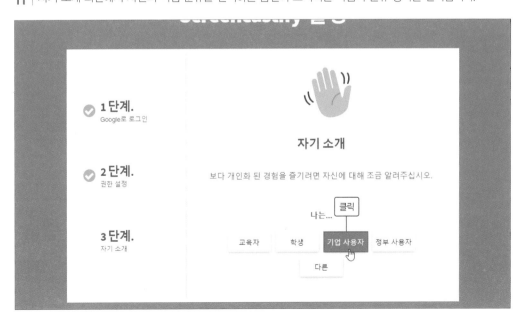

Section 09

동영상 화면을 캡처하여 **사용 동영상 설명서 만들기**

구글 프레젠테이션 사용 방법 설명서를 동영상으로 작성해 보겠습니다. 컴퓨터 전체 화면에서 구글 프레젠테이션 화면만 설정하여 동영상을 캡처한 다음에 동영상 파일로 저장합니다.

01 | 프로그램 설정이 마무리되면 화면 상단에 (Screencastify)를 클릭하여 작업 화면으로 이동합니다.

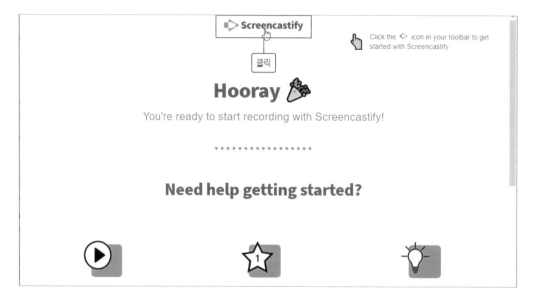

02 | 내 계정으로 이동하기 위해 화면 상단의 (My Account)를 클릭합니다.

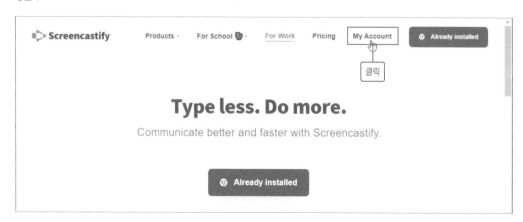

03 | 왼쪽 화면에 내 계정이 표시됩니다. 새롭게 동영상을 캡처하기 위해 (새로운 과제) 버튼을 클릭합니다.

04 | 녹화 유형 선택 대화상자가 표시됩니다. 비디오에 웹캠 녹화를 캡처할 것인지, 화면만 캡처할 것인지 묻습니다. 예제에서는 (화면 만)을 클릭하고 (다음) 버튼을 클릭합니다.

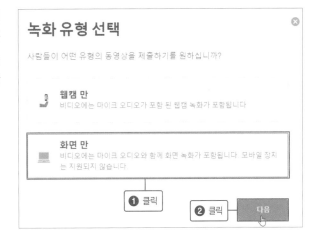

05 | 과제 이름 대화상자에서 표제 항목에 동영상 표제를 입력합니다. 예제에서는 구글 프레젠테이션 사용법을 동영상으로 만들 예정이므로, '구글 프레젠테이션 작성 요령 참조'라고 입력한 다음 상세 설명을 입력하고 (다음) 버튼을 클릭합니다.

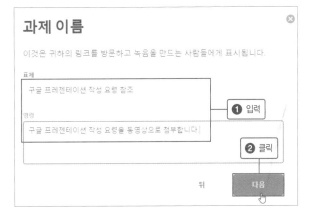

06 | 설정 구성에서 액세스 범위와 비디오 프라이버시를 지정하고 (다음) 버튼을 클릭합니다.

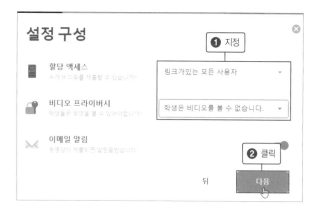

07 | 동영상은 구글 드라이브 폴더에 저장된다는 메시지와 해당 링크를 표시합니다. 본격적으로 영상을 캡처하기 위해 (시작) 버튼을 클릭합니다.

08 | 입력했던 동영상의 표제와 상세 정보가 표시됩니다. 동영상을 캡처하기 위해 (기록) 버튼을 클릭합니다.

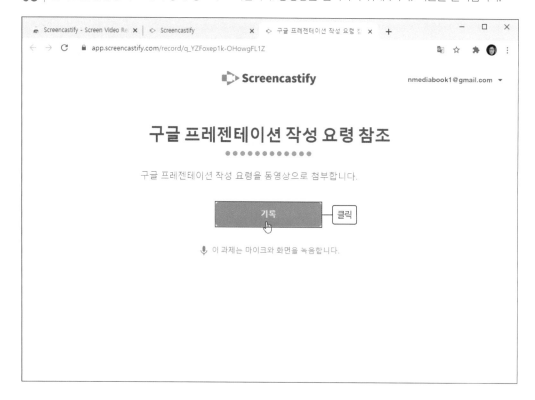

09 | 화면 공유하기 대화상자가 표시되면 동영상을 캡처하려는 창을 선택합니다. 예제에서는 〔애플리케이션 창〕 옵션을 선택하고 컴퓨터 화면에서 구글 프레젠테이션 창을 선택한 다음 〔공유〕 버튼을 클릭합니다.

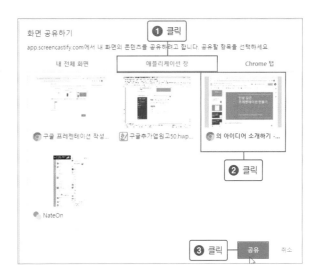

10 | 동영상 캡처를 위한 카운팅이 시작됩니다.

11 | 영상이 녹화되고 있음을 알리는 화면이 표시됩니다. 만약 다시 캡처를 시작하려면 〔다시 시작하다〕 버튼을 클릭하고, 녹화를 중지하려면 〔녹음 중지〕 버튼을 클릭합니다.

12 | 사용자는 구글 프레젠테이션 사용법을 설명하기 위해 구글 프레젠테이션에서 슬라이드 작성 방법을 실행합니다.

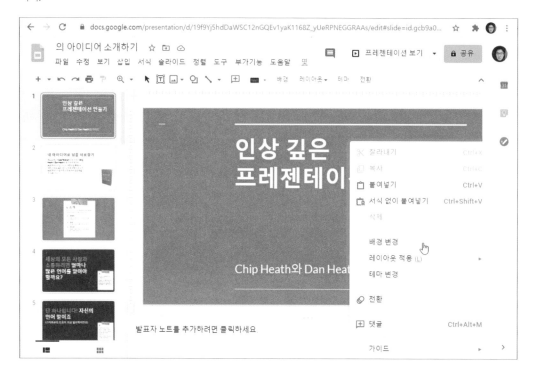

13 | 작업이 끝나면 동영상 녹화를 중지하기 위해 (녹음 중지) 버튼을 클릭합니다. 그림과 같이 녹화된 동영상을 재생할 수 있는 동영상 플레이어가 표시됩니다. 동영상을 재생하고 문제없으면 (제출) 버튼을 클릭합니다.

14 | 동영상이 성공적으로 제출되었다는 메시지가 표시되며, 동영상을 내 컴퓨터에 다운로드하기 위해 (비디오 다운로드)를 클릭합니다.

15 | 저장된 동영상을 윈도우 플레이어로 재생해 보면 구글 프레젠테이션 사용 방법에 대한 동영상이 재생되는 것을 확인할 수 있습니다.

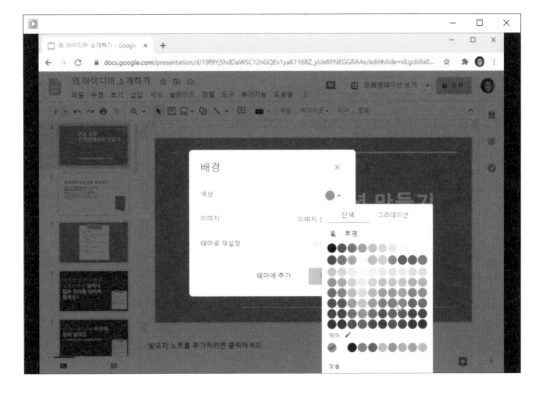

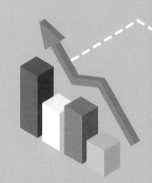

사원 교육&평가를 위한
구글 클래스룸

구글 클래스룸은 온라인 교육 관리를 위하여 최적화된 구글 서비스입니다. 직장 내에서 교육이나 부서의 업무 관리, 협업의 목적으로 한 업무 등에 사용할 수 있습니다. 여기서는 직장인 교육 개설부터 참여 유도, 강의 자료 등록하기, 사원에 대한 평가 피드백 방법 등을 알아봅니다.

Part 10

Section 01

사원 **교육용 클래스룸 만들기**

클래스룸은 온라인 교육 관리를 위하여 최적화된 구글의 서비스로 효율성을 높이는 목적으로 사용할 수 있습니다. 기업 내에서 신입사원 OJT 교육을 위한 클래스룸을 만들어 보겠습니다.

01 │ 클래스룸을 사용하기 위해서는 인터넷과 웹브라우저가 필요하며 웹브라우저 주소창에 'https://classroom.google.com'을 입력하거나 검색 엔진을 활용하여 클래스룸에 접속합니다.

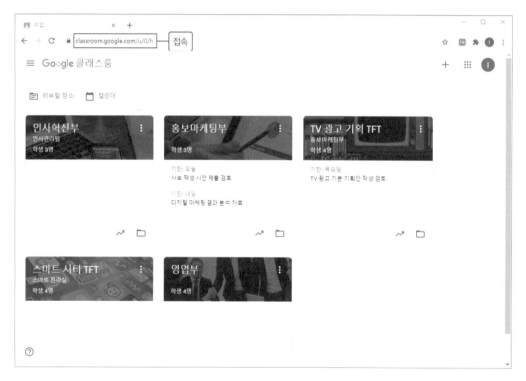

알아두기 구글 클래스룸을 사용하기 위해서는 크롬, 엣지 같은 HTML 5를 지원하는 최신 브라우저 사용을 추천합니다.

02 | 신입사원 OJT 클래스룸을 만들기 위해서 오른쪽 상단에서 [수업 만들기 또는 참여하기] 버튼을 클릭하여 표시되는 팝업 메뉴에서 [수업 만들기]를 선택합니다.

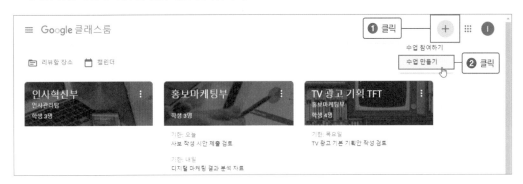

03 | 클래스룸 개설에 관련된 대화상자가 표시됩니다. 클래스룸은 기본적으로 학교인 경우 G Suite for Education을 현재 무료로 제공하고 있으며 G Suite for Education 계정을 사용하도록 추천하고 있습니다. 그러나, G Suite for Education이 아니더라도 클래스룸을 사용할 수 있으므로 하단 체크박스를 체크합니다.

> 학교에서 사용하더라도 개인적인 경우 G Suite를 필수로 가입할 필요는 없습니다. 또한 G Suite for Education을 가입하기 위해서는 개인적으로 할 수 없고 학교에서 인증이 별도로 필요합니다. 다만, 기업도 효과적으로 사용하기 위해서는 유료 서비스인 G Suite를 사용하는 것이 좋습니다.

학교에서 학생과 함께 클래스룸을 사용하시나요?

이 경우 학교가 무료 G Suite for Education 계정에 가입해야 클래스룸을 사용할 수 있습니다. 자세히 알아보기

G Suite for Education을(를) 사용하면 학교에서 학생이 사용할 수 있는 Google 서비스를 설정할 수 있으며 학교 환경에서 중요한 개인정보 보호 및 보안 기능이 추가로 제공됩니다. 학생은 학교에서 일반 계정으로 Google 클래스룸을 사용할 수 없습니다.

☑ 위의 공지를 읽고 이해했으며 학교에서 학생과 함께 클래스룸을 사용하지 않습니다.

체크 표시

뒤로 이동   계속

04 | 체크를 하는 경우 개인 구글 계정으로 구글 드라이브 공간을 활용하게 됩니다. 클래스룸 개설을 위해서 [계속]을 클릭하여 클래스룸 개설을 계속 진행합니다.

학교에서 학생과 함께 클래스룸을 사용하시나요?

이 경우 학교가 무료 G Suite for Education 계정에 가입해야 클래스룸을 사용할 수 있습니다. 자세히 알아보기

G Suite for Education을(를) 사용하면 학교에서 학생이 사용할 수 있는 Google 서비스를 설정할 수 있으며 학교 환경에서 중요한 개인정보 보호 및 보안 기능이 추가로 제공됩니다. 학생은 학교에서 일반 계정으로 Google 클래스룸을 사용할 수 없습니다.

☑ 위의 공지를 읽고 이해했으며 학교에서 학생과 함께 클래스룸을 사용하지 않습니다.

클릭

뒤로 이동   계속

05 | 클래스룸 개설을 위한 대화상자가 표시되면 필수 항목인 수업 이름에 '신입사원 OJT', 부제에 '직무 적응 훈련'이라고 입력하고 오른쪽 하단에 (만들기)를 클릭합니다.

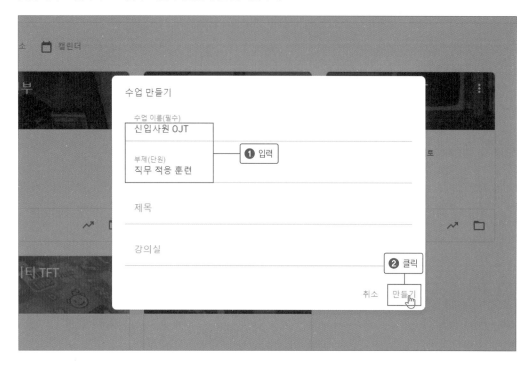

06 | 신입사원 OJT 클래스룸 개설이 되면 스트림 페이지로 이동됩니다. 클래스룸을 개설하면 기본적으로 4개의 메뉴를 제공합니다.

Section 02

초대 링크를 활용하여 신입사원 클래스룸 초대하기

온라인으로 교육을 진행하거나 직접 코드를 공유하기가 어려운 경우, 초대 링크를 통하여 클래스룸 참여를 시킬 수 있습니다. 클래스룸 코드처럼 사용자가 직접 해당 메뉴를 선택하고 하는 번거로움 없이 쉽게 클래스룸에 참여할 수 있도록 도와줍니다.

01 │ 초대 링크를 이용하여 클래스룸으로 참여시키기 위해서 스트림 페이지에서 코드 오른쪽에 있는 (표시) 버튼을 클릭합니다.

02 │ 클래스룸 코드 대화상자가 표시되면 오른쪽 하단에 있는 (초대 링크 복사)를 클릭합니다. 자동으로 클래스룸 초대 링크가 클립보드에 저장됩니다.

03 │ 왼쪽 하단에 '링크가 복사되었습니다.' 안내 메시지가 표시되면 코드 대화상자 오른쪽 상단의 (닫기) 버튼을 클릭하여 대화상자를 닫아 줍니다. 복사된 초대 링크는 이메일, 문자 메시지 같이 전달할 매체에 붙여 넣어 사용할 수 있습니다.

04 | 클립보드에 저장된 이메일, 문자메시지 등으로 초대 링크를 전달하면 해당 링크를 클릭하여 자동으로 링크 페이지로 이동합니다. 초대 링크를 복사하여 저장된 브라우저 주소창에서 [Ctrl]+[V]를 눌러 초대 링크를 붙여 넣고 [Enter]를 누르면 간단하게 클래스룸에 참여할 수 있습니다.

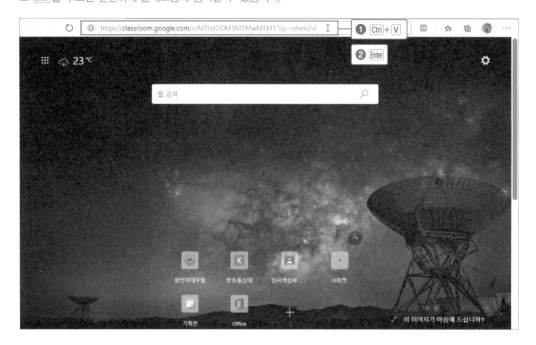

05 | 초대 링크 클릭 또는 링크를 주소창에 붙여 넣어 해당 링크로 이동하면 사용할 구글 계정을 확인하고 페이지 하단에 있는 (수업 참여하기) 버튼을 클릭합니다.

06 | 클래스룸에 참여되면 자동으로 해당 클래스룸 스트림 페이지로 이동합니다.

Section 03

코드로 직원 필수 교육 클래스룸에 참여하기

클래스룸에 참여하는 방법은 초대를 통한 이동과 직접 코드를 입력하여 참여하는 방법이 있습니다. 초대 링크를 이용하는 방법이 가장 간단하지만 코드를 이용하여 직접 클래스룸에 참여하는 것이 일반적이라 할 수 있습니다. 코드를 이용하여 클래스룸에 참여해 보도록 하겠습니다.

01 | 직장에 따라서 개인정보 보호법이나 기타 필수 교육을 하는 경우가 있습니다. 온라인으로 실시하기도 하는데, 정보 보안 교육 클래스룸에 참여하기 위해서 클래스룸 페이지 오른쪽 상단에서 [수업 만들기 또는 참여하기] 버튼을 클릭하고 팝업 메뉴에서 [수업 참여하기]를 선택합니다.

02 | 수업 참여하기 페이지로 이동하며 클래스룸 참여 코드를 전달받았다면 클래스룸에 참여할 구글 계정을 확인하고 전달받은 코드를 입력합니다. 코드 입력이 완료되었다면 (참여하기) 버튼을 클릭합니다.

03 | 정보 보안 교육을 위한 클래스룸 스트림 페이지로 자동으로 이동되어 클래스룸 참여가 완료되었습니다.

Section 04

클래스룸 **초대 이메일로 참여하기**

이메일로 클래스룸에 초대된 경우 이메일의 참여하기를 통하여 클래스룸 참여가 가능합니다. 기본적으로는 Gmail을 구글 계정으로 사용하기 때문에 Gmail 확인으로 가능하며, 다른 이메일 주소인 경우 구글 계정이 로그인된 브라우저에서 해당 이메일을 확인해야 클래스룸 초대 이메일을 통해서 클래스룸 참여가 가능합니다.

01 │ 기본적으로 구글 계정은 주로 Gmail을 사용하므로 구글 계정으로 로그인된 브라우저에서 오른쪽 상단에 있는 (Google 앱) 버튼을 클릭합니다.

02 │ 이메일을 확인하기 위해서 Google 앱 팝업 메뉴에서 (Gmail)을 클릭합니다.

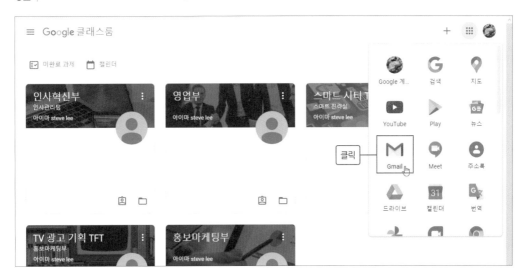

03 | Gmail에서 클래스룸에 초대된 메일을 확인할 수 있습니다. '신입사원 OJT 직무 적응 훈련' 제목으로 된 이 메일을 클릭합니다.

04 | 이메일 내용이 표시되면 클래스룸으로 초대한 사람의 정보와 초대된 클래스룸의 정보가 표시됩니다. 클래스룸에 참여하기 위해서 (참여하기) 버튼을 클릭합니다.

05 | 클래스룸 참여에 관련된 대화상자가 표시되며 최종적으로 클래스룸 참여를 확인하게 됩니다. 클래스룸에 참여하기 위해서 (참여하기) 버튼을 클릭합니다.

06 | 초대된 클래스룸 스트림 페이지로 이동이 되며, 클래스룸에 참여된 것을 확인할 수 있습니다.

Section 05

구글 드라이브 이용하여 **강의 자료 등록하기**

클래스룸을 활용하여 교육할 때 강의 자료를 공유하거나 제공해야 할 필요가 있습니다. 직접 작성을 할 수 있지만 구글 드라이브에 미리 작성해 둔 강의 자료를 등록해 보도록 하겠습니다.

01 | 클래스룸 스트림 페이지에서 강의 자료를 등록하기 위해서 상단 메뉴 중에서 (수업) 메뉴를 클릭합니다.

02 | 수업 페이지로 이동되면 강의 자료를 등록하기 위해서 상단에 있는 (만들기) 버튼을 클릭하고 팝업 메뉴에서 (자료)를 선택합니다.

03 | 자료 등록 페이지로 이동되며, 현재 클래스룸은 신입사원 OJT이므로 신입사원 관련된 자료를 등록하기 위해서 강의 자료에 관련된 제목과 설명에 필요한 내용을 등록합니다. 설명은 선택사항이나 제목은 필수로 입력해야 합니다.

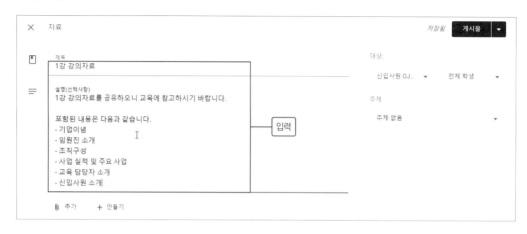

04 | 강의 자료를 수업 페이지에서 구분하기 위해서 주제 항목에서 (주제없음)을 클릭하고 팝업 메뉴에서 (주제만들기)를 선택합니다.

05 | 주제를 직접 입력할 수 있도록 입력창으로 변경된 주제 항목에 'OJT 교육자료'라고 입력합니다.

강의 자료 외에도 기타 교육 자료를 등록할 수 있으므로 교육 자료로 구분하였습니다.

06 | 구글 드라이브에서 미리 만든 강의 자료를 추가하기 위해서 설명 왼쪽 하단에 있는 (추가) 버튼을 클릭하고 팝업 메뉴에서 (Google 드라이브)를 선택합니다.

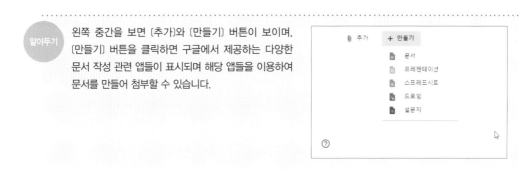

알아두기 왼쪽 중간을 보면 (추가)와 (만들기) 버튼이 보이며, (만들기) 버튼을 클릭하면 구글에서 제공하는 다양한 문서 작성 관련 앱들이 표시되며 해당 앱들을 이용하여 문서를 만들어 첨부할 수 있습니다.

07 | Google 드라이브로 파일 삽입하기 대화상자가 표시되면 미리 작성한 문서를 선택합니다. 최근 또는 내 드라이브 등의 카테고리에서 문서를 클릭하여 선택하면 파란색 테두리가 표시되며 하단에 1개 선택됨 메시지가 표시됩니다. 여러 문서를 동시에 선택도 가능합니다.

08 | 문서의 선택이 완료되었다면 대화상자 오른쪽 하단에 있는 (삽입)을 클릭합니다.

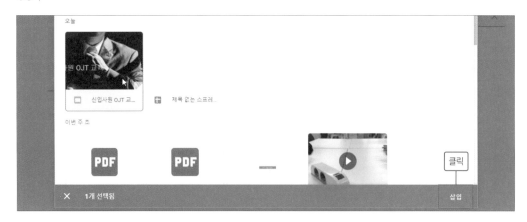

09 | 구글 드라이브에서 선택한 문서가 추가되면 설명 하단에 문서가 등록됩니다. 해당 문서는 Google 프레젠테이션으로 제작된 문서입니다. 자료 작성이 모두 완료되었다면 오른쪽 상단에 (게시물) 버튼을 클릭하여 강의 자료 등록을 완료합니다.

10 | 브라우저 왼쪽 하단에 '자료 생성됨' 메시지가 표시되며 OJT 교육자료 카테고리로 구분된 항목 아래에 강의 자료가 등록된 것을 확인할 수 있습니다.

Section 06

클래스룸에서 **자료 사용하여 교육 참여하기**

클래스룸에는 자료도 공유가 가능하고 평가 및 다양한 교육 관련된 활동이 가능합니다. 그중에서도 교육을 위해서는 다양한 자료 제공이 필요하며 특히 강의 자료를 다운로드받아 사용해 보도록 하겠습니다.

01 | 수업 스트림 페이지로 이동하여 1강 강의 자료를 다운로드하기 위해서 스트림 페이지에서 게시된 자료 글을 클릭합니다.

알아두기 상단에 있는 [수업] 메뉴를 클릭하여 수업 페이지로 이동하고 해당된 강의 자료를 클릭하여 자료를 확인할 수 있습니다.

02 | 클릭한 강의 자료 페이지로 이동하면 자료 제목 및 설명이 있으며 하단에 첨부된 문서를 확인할 수 있습니다. 첨부된 문서 확인을 위해서 클릭합니다.

03 | 첨부되어 있는 신입사원 OJT 교육 자료로 이동되며 강의 자료를 확인할 수 있습니다. 첨부된 문서는 수정되지 않는 문서로 보기 전용으로만 제공됩니다.

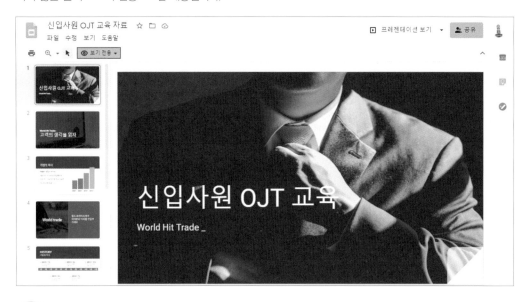

알아두기

강의 자료로 제공된 문서에 대한 수정이 필요하거나 별도의 작업을 진행하기 위해서는 보기 전용 문서에 수정 권한이 부여되어야 합니다. 수정 권한을 요청하기 위해서는 [보기 전용] 버튼을 클릭하고 팝업 메뉴에서 [수정 권한 요청] 버튼을 클릭해야 합니다.

Section 07

사원 **교육 일지 제출 요청하기**

교육을 실시하는 경우 필요에 따라서 교육 일지를 교육생에제 제출 받아야 할 수 있으며 이를 교육 평가에 활용할 수 있습니다. 신입사원 OJT 교육 시 교육에 대한 교육 일지를 제출 받기 위한 과제를 만들어 보겠습니다.

01 | 신입사원 OJT 클래스룸 페이지에서 수업 페이지로 이동하기 위해서 [수업] 메뉴를 클릭합니다.

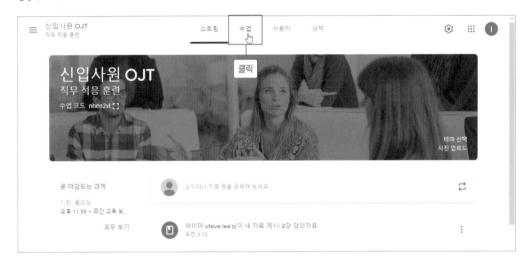

02 | 수업 페이지로 이동하면 과제를 만들기 위해서 [만들기] 버튼을 클릭하고 팝업 메뉴에서 [과제]를 선택합니다.

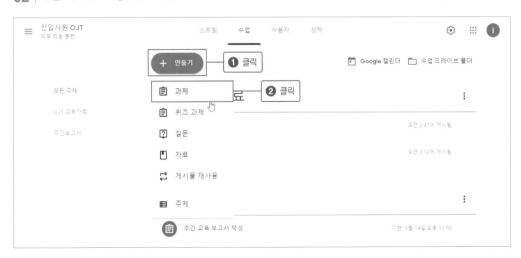

03 | 신입 사원 OJT 교육에 관련된 교육 일지를 날짜별로 받기 위해서 제목에 교육 일지 제목을 입력하고 안내에 필요한 내용을 입력합니다.

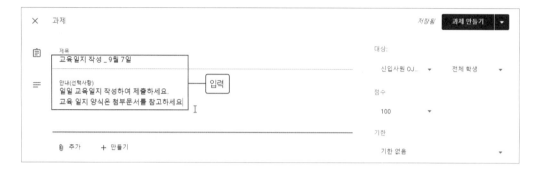

04 | 문서를 직접 만들어 첨부 파일로 제공하기 위해서 (만들기) 버튼을 클릭하고 팝업 메뉴에서 (문서)를 선택합니다.

05 | 구글 문서가 새로운 탭에 표시되며 필요한 양식을 작성하여 제공합니다. 문서를 작성하는 방법은 생략합니다. 제공할 문서 양식을 완성하였다면 브라우저에서 클래스룸 탭을 클릭하여 과제 페이지로 이동합니다.

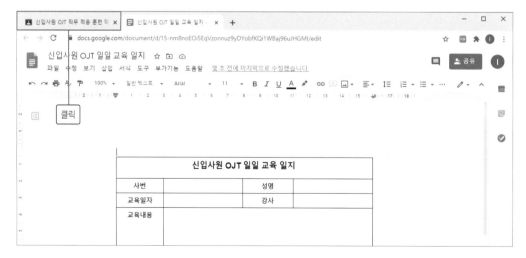

06 │ 과제 페이지로 이동하면 문서가 추가된 것을 확인할 수 있으며 문서를 수정 권한을 주기 위해서 문서명 우측에서 [학생에게 파일 보기 권한 제공]을 클릭하고 팝업 메뉴에서 [학생에게 파일 수정 권한 제공]을 선택합니다.

07 │ 오른쪽에 있는 점수는 미채점으로 지정하고, 기한은 제출 마감일을 지정합니다. 주제를 일일 보고로 입력하고 과제를 만들기 위해서 오른쪽 상단에 있는 [과제 만들기] 버튼을 클릭합니다.

08 │ 수업 페이지로 이동되며 왼쪽 하단에 '과제가 생성됨' 메시지가 표시되고 일일 보고 카테고리에 교육 일지 작성 과제가 적용되었습니다.

Section 08

구글 문서를 이용하여 **교육 일지 제출하기**

　클래스룸을 통하여 교육에 참여하는 경우 교육에 참여하고 원활한 소통을 하기 위해서 과제를 제출해야 할 수 있습니다. 과제 제출은 기본적으로 구글에서 제공하는 다양한 문서 앱을 활용할 수 있고 구글 드라이브에 저장한 파일을 이용하여 과제에 첨부 형태로 제출할 수 있습니다. 구글 외 다른 문서도 사용할 수 있지만 구글 문서 활용이 쉽고 편리하도록 클래스룸은 구글 문서 관련 앱들을 제공하고 있습니다.

01 | 과제를 제출하기 위해서 수업 스트림 페이지에서 제출하기 위한 과제 게시물을 클릭합니다.

02 | 과제 내용을 확인하고 오른쪽 내 과제에서 [추가 또는 생성] 버튼을 클릭합니다. 팝업 메뉴에서 [문서]를 선택합니다.

현재 과제는 과제 제출을 기한 내에 하지 않아 누락됨으로 표시된 상태입니다.

03 | 내 과제 항목에 새로운 구글 문서가 등록됩니다. 추가 문서 생성이 필요하다면 (추가 또는 생성) 버튼을 클릭하여 동시에 여러 문서를 생성할 수 있습니다. 첨부된 구글 문서를 확인하기 위해서 과제 안내 첨부 문서를 클릭합니다.

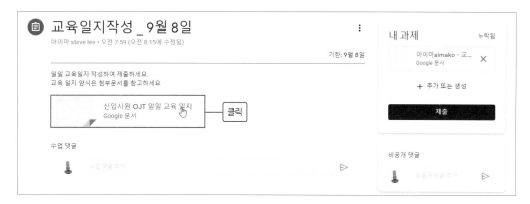

04 | 과제에 첨부된 양식을 확인하고 해당 문서의 양식을 복사하기 위해서 문서로 제공된 폼을 모두 선택하고 Ctrl + C 를 눌러서 복사합니다. 복사가 완료되면 브라우저에서 과제 탭을 클릭합니다.

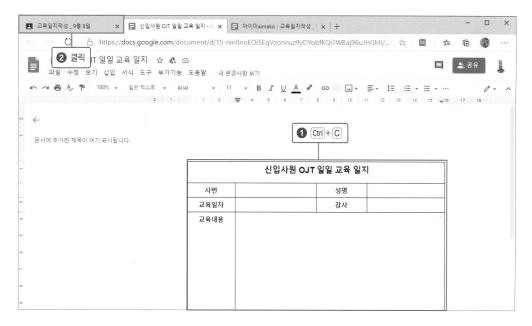

05 | 과제 페이지에서 문서를 수정하여 과제를 제출하기 위해서, 내 과제에 추가된 구글 문서를 클릭합니다.

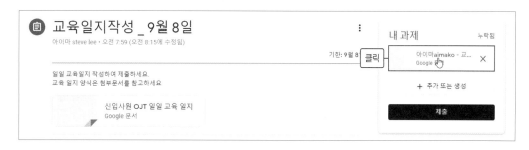

06 │ 비어 있는 구글 문서가 표시됩니다. 문서에서 Ctrl + V 를 눌러서 양식을 붙여 넣거나 직접 문서 양식을 만들고 내용을 입력합니다. 문서 작성 방법은 생략합니다. 일지 작성이 완료되면 브라우저에서 과제 탭을 클릭합니다.

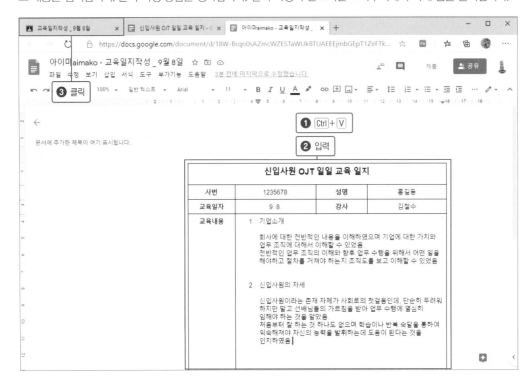

07 │ 과제로 제출할 문서 작성이 완료되면 내 과제 항목에서 (제출) 버튼을 클릭합니다.

08 │ 과제 제출에 관련된 대화상자가 표시되며 제출 내용을 확인하고 (제출)을 클릭합니다.

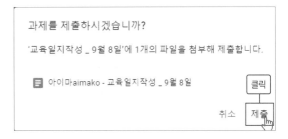

과제를 제출하시겠습니까?

'교육일지작성 _ 9월 8일'에 1개의 파일을 첨부해 제출합니다.

📄 아이마aimako - 교육일지작성 _ 9월 8일

클릭

취소   제출

Section 09

교육 일지 **평가하고 댓글로 피드백하기**

신입사원이 제출한 교육 일지를 비공개 댓글로 평가하는 방법을 통하여 평가에 대한 내용을 주고받을 수 있습니다. 점수 평가를 하지 않는 경우도 돌려주기라는 과정으로 평가한 사실을 전달할 수 있으며, 점수 평가를 통하여 성적을 구분할 수도 있습니다. 평가는 제출한 사원과 제출하지 않은 사원을 구분할 수 있도록 성적 관련된 페이지를 따로 제공하고 있으며 평가 및 댓글을 작성하는 방법을 살펴보겠습니다.

01 | 일일 OJT 교육 일지를 평가하기 위해서 클래스룸 스트림 페이지에서 평가할 교육 일지 관련 게시물을 클릭합니다.

02 | 교육 일지 평가를 위한 과제 페이지로 이동합니다. 전체 신입사원 중에서 교육 일지를 제출한 사원을 클릭합니다.

03 │ 제출한 교육 일지의 내용을 확인하고 교육 일지에 관련된 의견을 비공개 댓글에 입력한 다음 (게시) 버튼을 클릭하여 교육 일지에 관련된 피드백을 전달합니다.

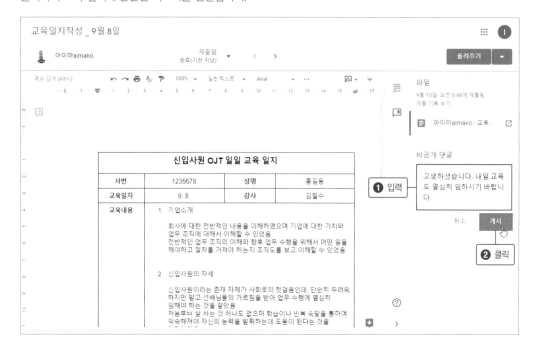

04 │ 교육 일지는 평가 방법을 미평가로 만들었기 때문에 점수 평가 없이 (돌려주기) 버튼을 클릭하여 평가를 완료합니다.

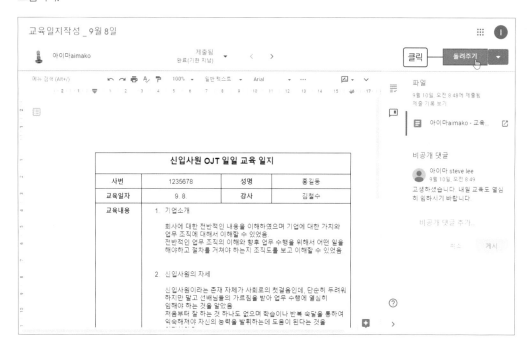

05 | 교육 일지 평가를 완료하기 위해서 대화상자에서 교육 일지 평가 완료할 계정을 확인하고 [돌려주기] 버튼을 클릭합니다.

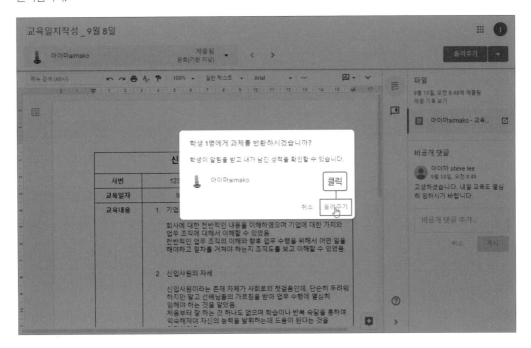

06 | 교육 일지를 평가 완료하면 반환됨 카테고리로 계정 이름이 이동되며, 계정 아래에 비공개 메시지 내용도 표시됩니다. 평가가 완료되었지만 기한이 지난 상태에서 제출하였기 때문에 '기한 지남' 메시지가 표시됩니다.

Section 10

제출한 사원 **교육 일지 평가하기**

클래스룸을 통해서 다수의 신입사원이 교육을 받고 있는 경우 교육 일지를 매일 작성한다고 하면 일지를 제출한 사원과 미제출한 사원을 구분하기 어려울 수 있습니다. 이런 경우 제출한 사원만 평가하기 위해서 수업 페이지에서 교육 일지 평가로 제출한 사원만 선택하여 평가하는 방법을 확인해 보겠습니다.

01 │ 교육 일지를 제출한 신입사원만 평가하기 위해서 클래스룸 스트림 페이지에서 [수업] 메뉴를 클릭하여 평가를 위해 필요한 페이지로 이동합니다.

02 │ 교육 일지를 평가하기 위해서 일일 보고 카테고리에서 교육 일지 제출 관련 과제를 클릭합니다.

03 | 과제 관련된 세부 게시 내용을 확인할 수 있으며, 교육 일지를 제출한 인원과 미제출 및 평가한 인원을 구분할 수 있습니다. 반환 완료의 경우 평가까지 완료된 숫자입니다.

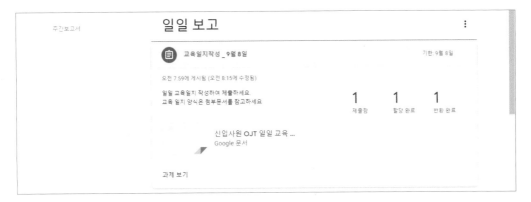

04 | 제출한 교육 일지를 평가하기 위해서 [제출함]을 클릭합니다.

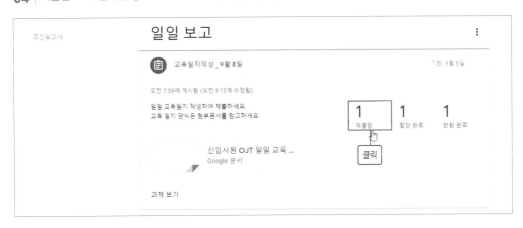

05 | 교육 일지를 평가하기 위한 페이지로 이동하며 제출함 카테고리에 속한 구글 계정만 표시되고 있는 것을 확인할 수 있습니다. 현재 과제는 늦게 제출하여 기한 지남으로 표시된 과제입니다. 과제 평가를 위해서 제출함에 표시되어 있는 계정의 과제를 클릭합니다.

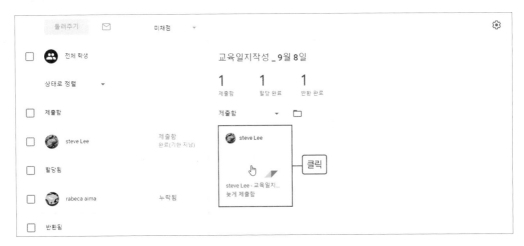

06 │ 과제 평가를 위한 페이지로 이동하며, 과제 내용을 확인하고 비공개 댓글에 과제에 대한 의견을 작성한 다음 [게시] 버튼을 클릭합니다. 평가가 완료되었다면 평가가 완료되었다는 반환됨 표시를 위해서 [돌려주기] 버튼을 클릭합니다.

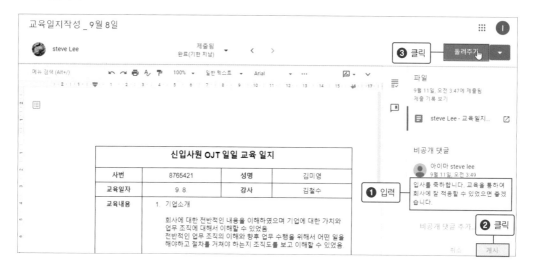

07 │ 교육 일지 평가에 관련된 확인을 위한 대화상자가 표시되며 교육 일지를 평가한 구글 계정을 확인하고 [돌려주기] 버튼을 클릭합니다.

08 │ 평가가 완료되어 반환됨 카테고리로 이동하여 댓글과 함께 표시되는 것을 확인할 수 있습니다.

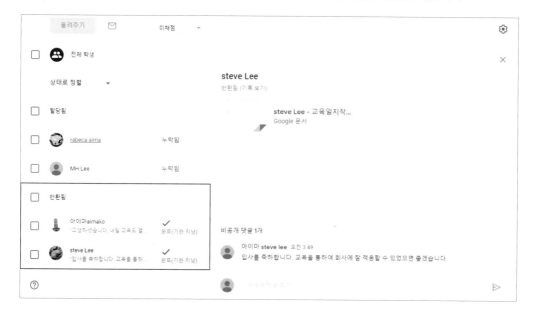

Section **11**

설문을 이용하여 **교육 평가 만들기**

직장에서 프로젝트를 진행하고 결과 보고서를 작성하듯 교육을 했다면 교육에 대한 평가를 통하여 향후 교육의 질 관리를 할 수 있습니다. 따라서 모든 교육이 끝나면 설문을 통하여 교육에 대한 평가를 하는 방법을 확인해 보겠습니다.

01 | 신입사원 OJT 클래스룸 페이지에서 교육에 대한 평가 관련 퀴즈 과제를 만들기 위해서 (수업) 메뉴를 클릭합니다.

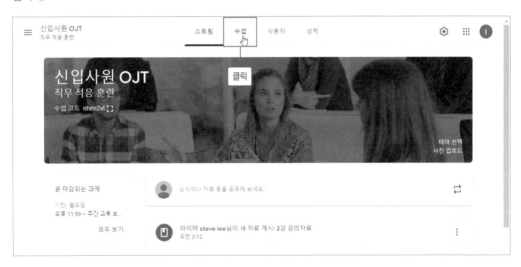

02 | 수업 페이지로 이동하면 (만들기) 버튼을 클릭하고 팝업 메뉴에서 (퀴즈 과제)를 선택합니다.

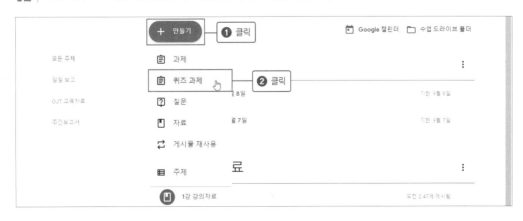

03 | 과제 페이지로 이동하면 자동으로 구글 설문지가 추가되어 있습니다. 과제를 만들기 위해서 제목, 안내에 내용을 입력하고 점수는 미채점, 기한을 지정하고 주제는 교육 평가 설문으로 새로운 주제를 만들어 줍니다. 기본 정보 입력이 완료되면 설문을 작성하기 위해서 Blank Quiz를 클릭합니다.

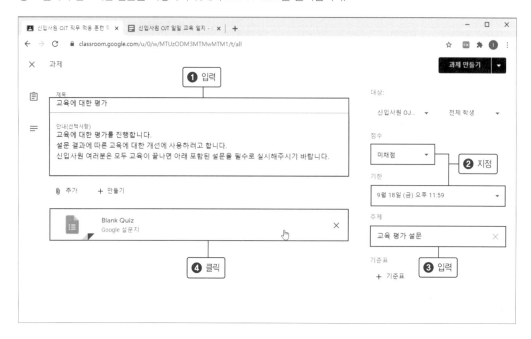

04 | 구글 설문으로 이동되면 설문을 작성합니다. 구글 설문 작성 방법은 생략하겠습니다. 설문 작성이 완료되면 퀴즈 과제 페이지로 이동하기 위해서 브라우저 탭에서 클래스룸을 클릭합니다.

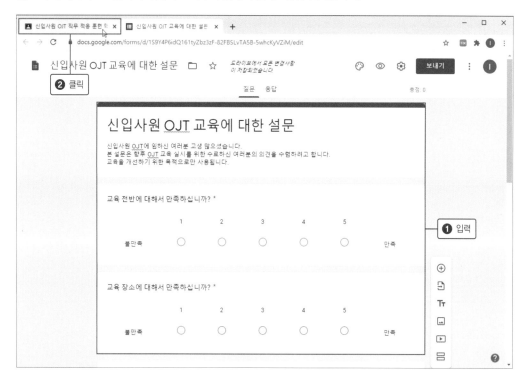

05 설문지가 완료되었다면 과제 관련된 내용을 확인하고 완료하기 위해서 오른쪽 상단에서 (과제 만들기) 버튼을 클릭합니다.

06 수업 페이지로 이동되며 왼쪽 하단에 '과제가 생성됨' 메시지가 표시됩니다. 교육 평가 관련된 설문 퀴즈 과제가 완료되었습니다.

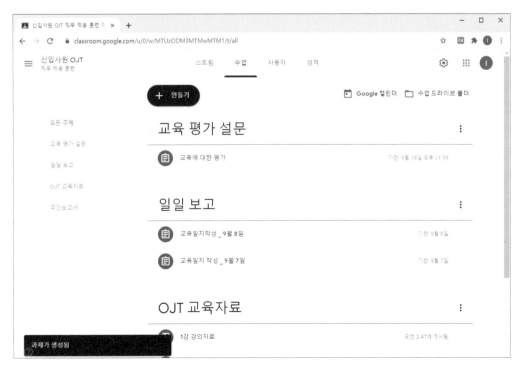

Section 12

설문을 이용하여 **교육 평가 참여하기**

일반적으로 교육이 마무리되면 설문을 통하여 교육에 대한 평가 및 피드백을 전달하는 역할을 하게 됩니다. 구글에서도 구글 문서 외에 설문 기능을 제공하고 있으며, 설문을 이용한 평가를 참여하는 방법을 확인해 보겠습니다.

01 | 신입사원 OJT 교육을 평가하기 위해서 클래스룸 스트림 페이지에서 교육 평가 관련된 게시글을 클릭합니다.

02 | 퀴즈 과제의 형식인 구글 설문지가 포함된 과제 페이지로 이동하면 설명 하단에 있는 신입사원 OJT 교육에 관련된 구글 설문지를 클릭합니다.

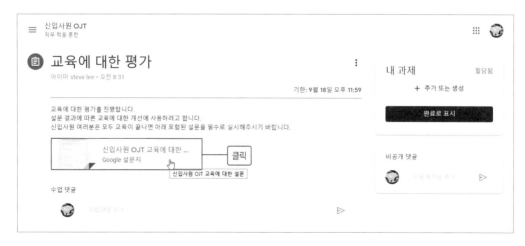

03 | 구글 설문이 표시되면, 해당 설문 항목에 맞춰 설문합니다. 모든 설문 내용에 답변했다면 왼쪽 하단에 있는 〔제출〕 버튼을 클릭합니다. 설문이 완료된 다음 브라우저에서 클래스룸 탭을 클릭합니다.

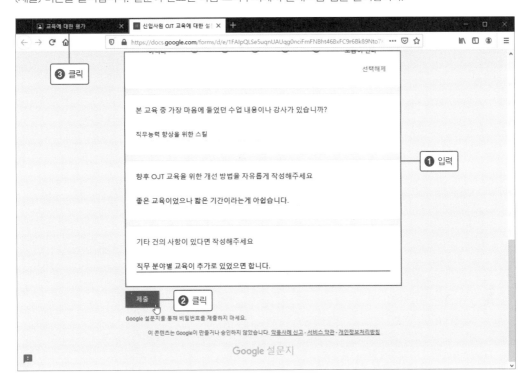

04 | 설문이 완료되어 제출되었으면 내 과제 항목에 제출함이라고 표시가 변경됩니다.

직장인과 재택근무에서 바로 쓰는
비즈니스 업무 활용서

직장인 구글 실무

2020. 9. 28. 초 판 1쇄 인쇄
2020. 10. 13. 초 판 1쇄 발행

지은이 | 앤미디어
펴낸이 | 이종춘
펴낸곳 | **BM** (주)도서출판 **성안당**

주소 | 04032 서울시 마포구 양화로 127 첨단빌딩 3층(출판기획 R&D 센터)
　　　 10881 경기도 파주시 문발로 112 출판문화정보산업단지(제작 및 물류)
전화 | 02) 3142-0036
　　　 031) 950-6300
팩스 | 031) 955-0510
등록 | 1973. 2. 1. 제406-2005-000046호
출판사 홈페이지 | **www.cyber.co.kr**
ISBN | 978-89-315-5686-5 (93000)
정가 | 23,000원

이 책을 만든 사람들
책임 | 최옥현
진행 | 김해영
기획·진행 | 앤미디어
교정·교열 | 앤미디어
표지·본문 디자인 | 앤미디어, 박원석
홍보 | 김계향, 유미나
국제부 | 이선민, 조혜란, 김혜숙
마케팅 | 구본철, 차정욱, 나진호, 이동후, 강호묵
마케팅 지원 | 장상범, 조광환
제작 | 김유석

■ 도서 A/S 안내

성안당에서 발행하는 모든 도서는 저자와 출판사, 그리고 독자가 함께 만들어 나갑니다.
좋은 책을 펴내기 위해 많은 노력을 기울이고 있습니다. 혹시라도 내용상의 오류나 오탈자 등이
발견되면 **"좋은 책은 나라의 보배"**로서 우리 모두가 함께 만들어 간다는 마음으로 연락주시기
바랍니다. 수정 보완하여 더 나은 책이 되도록 최선을 다하겠습니다.
성안당은 늘 독자 여러분들의 소중한 의견을 기다리고 있습니다. 좋은 의견을 보내주시는 분께는
성안당 쇼핑몰의 포인트(3,000포인트)를 적립해 드립니다.

잘못 만들어진 책이나 부록 등이 파손된 경우에는 교환해 드립니다.